AF893512

ISBN 978-3-663-15398-6 ISBN 978-3-663-15969-8 (eBook)
DOI 10.1007/978-3-663-15969-8

ZUR EINFÜHRUNG

Die „Gesetze“ sind das letzte Werk Platons, das Werk seines reifsten Alters. Trübe Enttäuschungen waren es, die den Philosophen bewogen, seinem „Staat“ ein inhaltlich nicht unähnliches Werk an die Seite zu stellen. Platon hatte sich nie mit der Rolle eines bloß theoretischen Gesellschaftskritikers begnügt, sein „Staat“, die größte Staatsphilosophie aller Zeiten, sollte allen künftigen Staatsgründungen Weg und Ziel weisen. Er selbst hatte es an Versuchen, seine Staatsideen zu verwirklichen, nicht fehlen lassen. Freilich auf eine Besserung der politischen Zustände in Athen hatte er längst verzichtet, aber in Syrakus schien der Boden günstig. Innige Freundschaft verband ihn mit Dion, dem Schwager des Tyrannen Dionysios I. Dion, ein Schüler der Akademie, tat alles, um seinem Freunde die Durchführung seiner politischen Pläne zu ermöglichen. Dreimal hat Platon in Syrakus geweilt, und trotz mancher Fährnisse, trotz bitterster Verleumdungen hat er die Hoffnung nicht aufgegeben, ein Staatswesen zu gründen, das seinen Ideen entsprach. Dazu mußte aber ein Werk geschaffen werden, das weniger theoretisch war als der auf der Ideenlehre aufgebaute „Staat“, das die Übertragung in die Wirklichkeit eher möglich machte. So begann er, den Blick unentwegt auf Syrakus gewandt, die „Gesetze“.

Da wurde Dion ermordet (353). Jede Hoffnung war nun geschwunden, tiefe Resignation erfüllte den greisen Philosophen. Trotzdem arbeitete er, überzeugt von der Richtigkeit seiner Gedanken, an dem begonnenen Werk weiter und vollendete es in den fünf Jahren, die ihm nach Dions Ermordung noch beschieden waren. Erst nach seinem Tode ist es der Welt bekannt geworden. —

Es geht nicht an, die „Gesetze“, die an Umfang die größte, an mannigfachem Inhalt die reichste unter Platons Schriften sind, als einen Abstieg von der Höhe des „Staats“ zu bezeichnen, Widersprüche zwischen beiden Werken aufzuzeigen, ja, wie es geschehen ist, die „Gesetze“ für unecht zu erklären. Mag die oft teils umständliche, teils allzu lockere Form des Ausdrucks, die häufigen Wiederholungen, der Mangel an straffer Gliederung oft befremdend wirken, es ist Platon, der zu uns aus jeder Zeile spricht. Und wenn auch manche platonischen Begriffe in den „Gesetzen“ zu fehlen scheinen, der platonische Geist durchweht

[Fortsetzung auf S. 3 des Umschlages]

Nr. der Auswahl	Stephanus-Seiten	Nr. der Auswahl	Stephanus-Seiten
1	624 A–625 C	8	744 D–745 B
2	702 B—E	9	887 C—888 D
3	631 B—632 D	10	860 D–861 A; 861 E–863 A
4	713 C—714 A	11	660 E–661 D; 817 A–817 D
5	726 A—729 C	12	643 B–643 D; 765 D–766 C
6	693 D–694 B; 697 A–699 D		809 E–810 C; 810 E–812 A
7	756 E–758 A	13	965 C—968 B

ΝΟΜΟΙ

ΤΑ ΤΟΥ ΔΙΑΛΟΓΟΥ ΠΡΟΣΩΠΑ

ΑΘΗΝΑΙΟΣ ΞΕΝΟΣ, ΚΛΕΙΝΙΑΣ ΚΡΗΣ,
ΜΕΓΙΛΛΟΣ ΛΑΚΕΔΑΙΜΟΝΙΟΣ

EINLEITUNG

1. SZENERIE UND THEMA DES DIALOGS

ΑΘ. Θεὸς ἤ τις ἀνθρώπων ὑμῖν, ὦ ξένοι, εἴληφε τὴν αἰτίαν τῆς τῶν νόμων διαθέσεως;

ΚΛ. Θεός, ὦ ξένε, θεός, ὥς γε τὸ δικαιότατον εἰπεῖν· παρὰ μὲν ἡμῖν Ζεύς, παρὰ δὲ Λακεδαιμονίοις, ὅθεν ὅδ᾽ ἐστίν, οἶμαι φάναι τούτους Ἀπόλλωνα. ἦ γάρ;

ΜΕ. Ναί.

ΑΘ. Μῶν οὖν καθ᾽ Ὅμηρον λέγεις, ὡς τοῦ Μίνω φοιτῶντος πρὸς τὴν τοῦ πατρὸς ἑκάστοτε συνουσίαν δι᾽ ἐνάτου ἔτους καὶ κατὰ τὰς παρ᾽ ἐκείνου φήμας ταῖς πόλεσιν ὑμῖν θέντος τοὺς νόμους;

ΚΛ. Λέγεται γὰρ οὕτω παρ᾽ ἡμῖν· καὶ δὴ καὶ τὸν ἀδελφόν γε αὐτοῦ Ῥαδάμανθυν, ἀκούετε γὰρ τὸ ὄνομα, δικαιότατον γεγονέναι. τοῦτον οὖν φαῖμεν ἂν ἡμεῖς γε οἱ Κρῆτες ἐκ τοῦ τότε διανέμειν τὰ περὶ τὰς δίκας ὀρθῶς τοῦτον τὸν ἔπαινον αὐτὸν εἰληφέναι.

---

2 *πρόσωπον*: Person   8 *διάθεσις*: Aufstellung   10 *ὅδ᾽*: nämlich der Lakedämonier Megillos   11 *ἦ γάρ*: „nicht wahr?"   13 Od. 19, 178 f. *Κνωσός, μεγάλη πόλις, ἔνθα τε Μίνως ἐννέωρος βασίλευε Διὸς μεγάλου ὀαριστής*   *ὡς* ..: elliptische Ausdrucksweise. Vollständig würde es lauten müssen: *ὡς Ζεὺς εἴληφεν τὴν αἰτίαν τῆς τῶν νόμων διαθέσεως τοῦ Μίνω ... θέντος τοὺς νόμους.* Die Partizipialkonstruktion gibt die Art und Weise an   *Μίνως*: der große kretische Gesetzgeber   14 *πατρός*: Zeus   15 *δι᾽ ἐνάτου ἔτους*: „alle neun Jahre"   18 *Ῥαδάμανθυς*: Totenrichter   *ἀκούετε*: „ihr kennt"   20 *τὸ διανέμειν τὰ περὶ τὰς δίκας*: „die Pflege des Rechts"   21 *αὐτόν* nimmt das *τοῦτον* des Anfangs wieder auf

ΑΘ. Καὶ καλόν γε τὸ κλέος υἱεῖ τε Διὸς μάλα πρέπον. ἐπειδὴ δὲ ἐν τοιούτοις ἤθεσι τέθραφθε νομικοῖς σύ τε καὶ ὅδε, προσδοκῶ οὐκ ἂν ἀηδῶς περὶ πολιτείας τὰ νῦν καὶ νόμων τὴν διατριβὴν λέγοντάς τε καὶ ἀκούοντας ἅμα κατὰ τὴν πορείαν ποιήσεσθαι. πάντως δ' ἥ γε ἐκ Κνωσοῦ ὁδὸς εἰς τὸ τοῦ Διὸς ἄντρον καὶ ἱερόν, ὡς ἀκούομεν, ἱκανή, καὶ ἀνάπαυλαι κατὰ τὴν ὁδόν, ὡς εἰκός, πνίγους ὄντος τὰ νῦν ἐν τοῖς ὑψηλοῖς δένδρεσίν εἰσι σκιαραί, καὶ ταῖς ἡλικίαις πρέπον ἂν ἡμῶν εἴη τὸ διαναπαύεσθαι πυκνὰ ἐν αὐταῖς, λόγοις τε ἀλλήλους παραμυθουμένους τὴν ὁδὸν ἅπασαν οὕτω μετὰ ῥᾳστώνης διαπερᾶναι.

ΚΛ. Καὶ μὴν ἔστι γε, ὦ ξένε, προϊόντι κυπαρίττων τε ἐν τοῖς ἄλσεσιν ὕψη καὶ κάλλη θαυμάσια καὶ λειμῶνες, ἐν οἷσιν ἀναπαυόμενοι διατρίβοιμεν ἄν.

ΑΘ. Ὀρθῶς λέγεις.

ΚΛ. Πάνυ μὲν οὖν· ἰδόντες δὲ μᾶλλον φήσομεν. ἀλλ' ἴωμεν ἀγαθῇ τύχῃ.

2. FINGIERTER ANLASS

ΚΛ. Ἔοικε κατὰ τύχην τινὰ ἡμῖν τὰ τῶν λόγων γεγονέναι· σχεδὸν γὰρ εἰς χρείαν αὐτῶν ἔγωγ' ἐλήλυθα τὰ νῦν, καὶ κατά τινα αὖ καιρὸν σύ τε παραγέγονας ἅμα καὶ Μέγιλλος ὅδε. οὐ γὰρ ἀποκρύψομαι σφὼ τὸ νῦν ἐμοὶ ξυμβαῖνον, ἀλλὰ καὶ πρὸς οἰωνόν τινα ποιοῦμαι. ἡ γὰρ πλείστη τῆς Κρήτης ἐπιχειρεῖ τινα ἀποικίαν ποιήσασθαι, καὶ προστάττει τοῖς Κνωσίοις ἐπιμεληθῆναι τοῦ πράγ-

---

2 *ἦθος*: „Brauch" 3 *προσδοκᾶν*: erwarten 4 *διατριβή*: „Erörterung" 5 *πάντως*: „in jeder Beziehung" mit *ἱκανή* zu verbinden *Κνωσός*: Stadt im Norden von Kreta; der „Palast des Minos" daselbst, jetzt durch die Engländer ausgegraben. 6 *Διὸς ἄ. καὶ ἱ.*: die diktäische Grotte auf dem kretischen Berge Ida, Geburtsstätte des Zeus. Heiligtum der Kureten, der Schützer und Pfleger des Zeuskindes. 6 *ἱκανός*: „geeignet" 7 *ἀναπαύλη*: „Ruheplatz" *πνῖγος*: „drückende Hitze" 8 *ἐν*: unter 9 *ἡμῶν*: zu *ἡλικίαις* *πυκνά*: Adv. 13 *ὕψη καὶ κάλλη*: abstrakte Ausdrucksweise 16 *φήσομεν*: zum Ausdruck bringen (daß wir zufrieden sind) 23 *οἰωνός*: (Raub)Vogel; (günstiges) Vorzeichen *ποιεῖσθαι πρός τι*: sich anpassen an etwas; *πρ. οἰ. τ. ποιοῦμαι*: „ich nehme es als gutes Vorzeichen"

ματος, ἡ δὲ τῶν Κνωσίων πόλις ἐμοί τε καὶ ἄλλοις ἐννέα· ἅμα δὲ καὶ νόμους τῶν τε αὐτόθι, εἴ τινες ἡμᾶς ἀρέσκουσι, τίθεσθαι κελεύει, καὶ εἴ τινες ἑτέρωθεν, μηδὲν ὑπολογιζομένους τὸ ξενικὸν αὐτῶν, ἂν βελτίους φαίνωνται. νῦν οὖν ἐμοί τε καὶ ὑμῖν ταύτην δῶμεν χάριν· ἐκ τῶν εἰρημένων ἐκλέξαντες τῷ λόγῳ συστησώμεθα πόλιν, οἷον ἐξ ἀρχῆς κατοικίζοντες, καὶ ἅμα μὲν ἡμῖν οὗ ζητοῦμεν ἐπίσκεψις γενήσεται, ἅμα δ᾽ ἐγὼ τάχ᾽ ἂν χρησαίμην εἰς τὴν μέλλουσαν πόλιν ταύτῃ τῇ συστάσει.

ΑΘ. Οὐ πόλεμόν γε ἐπαγγέλλεις, ὦ Κλεινία· ἀλλ᾽ εἰ μή τι Μεγίλλῳ πρόσαντες, τὰ παρ᾽ ἐμοῦ γε ἡγοῦ σοι πάντα κατὰ νοῦν ὑπάρχειν εἰς δύναμιν. ΚΛ. Εὖ λέγεις. ΜΕ. Καὶ μὴν καὶ τὰ παρ᾽ ἐμοῦ. ΚΛ. Κάλλιστ᾽ εἰρήκατον. ἀτὰρ πειρώμεθα λόγῳ πρῶτον κατοικίζειν τὴν πόλιν.

I. ALLGEMEINE VORAUSSETZUNGEN EINER GESETZGEBUNG

3. SITTLICHE GRUNDLAGE UND ALLGEMEINE AUFGABE DER GESETZE

ΑΘ. Διπλᾶ δὲ ἀγαθά ἐστι, τὰ μὲν ἀνθρώπινα, τὰ δὲ θεῖα, ἤρτηταί δ᾽ ἐκ τῶν θείων θάτερα· καὶ ἐὰν μὲν δέχηταί τις τὰ μείζονα πόλις, κτᾶται καὶ τὰ ἐλάττονα, εἰ δὲ μή, στέρεται ἀμφοῖν. ἔστι δὲ τὰ μὲν ἐλάττονα, ὧν ἡγεῖται μὲν ὑγίεια, κάλλος δὲ δεύτερον, τὸ δὲ τρίτον ἰσχὺς εἴς τε δρόμον καὶ εἰς τὰς ἄλλας πάσας κινήσεις τῷ σώματι, τέταρτον δὲ δὴ πλοῦτος οὐ τυφλός, ἀλλ᾽ ὀξὺ βλέπων, ἄνπερ ἅμ᾽ ἕπηται φρονήσει· ὃ δὴ πρῶτον αὖ τῶν θείων

---

2 *ἡμᾶς*: ungewöhnliche Verbindung von *ἀρέσκει* mit dem Akkusativ. Vgl. S. 28, 21 7 *οἷον*: gleichsam 8 *ἐπίσκεψις*: Prüfung 9 *σύστασις*: (in Gedanken ausgeführter) Aufbau 11 *προσάντης*: steil, schroff, schwierig 12 *κατὰ νοῦν*: nach Wunsch 13 *καὶ . . . ἐμοῦ*: erg. *ἡγοῦ σοι πάντα κατὰ νοῦν ὑπάρχειν* 21 *ἀρτᾶσθαι*: „abhängen“ 24 *σώματι*: Dat. instr. zu *κινήσεις* = körperliche Bewegung 26 *τυφλός*: = *ἄνευ φρονήσεως* 27 *ὅ*: inhaltlich auf *φρόνησις* zu beziehen

ἡγεμονοῦν ἐστὶν ἀγαθῶν, ἡ φρόνησις, δεύτερον δὲ μετὰ νοῦν σώφρων ψυχῆς ἕξις, ἐκ δὲ τούτων μετ᾽ ἀνδρείας κραθέντων τρίτον ἂν εἴη δικαιοσύνη, τέταρτον δὲ ἀνδρεία. ταῦτα δὲ πάντα ἐκείνων ἔμπροσθεν τέτακται φύσει, καὶ δὴ καὶ τῷ νομοθέτῃ τακτέον οὕτω· μετὰ δὲ ταῦτα τὰς ἄλλας προστάξεις τοῖς πολίταις εἰς ταῦτα βλεπούσας αὐτοῖς εἶναι διακελευστέον, τούτων δὲ τὰ μὲν ἀνθρώπινα εἰς τὰ θεῖα, τὰ δὲ θεῖα εἰς τὸν ἡγεμόνα νοῦν ξύμπαντα βλέπειν· περί τε γάμους ἀλλήλοις ἐπικοινουμένους, μετά τε ταῦτα ἐν ταῖς τῶν παίδων γεννήσεσι καὶ τροφαῖς, ὅσοι τε ἄρρενες καὶ ὅσαι θήλειαι, νέων τε ὄντων καὶ ἐπὶ τὸ πρεσβύτερον ἰόντων μέχρι γήρως, τιμῶντα ὀρθῶς ἐπιμελεῖσθαι δεῖ καὶ ἀτιμάζοντα, ἐν πάσαις ταῖς τούτων ὁμιλίαις τάς τε λύπας αὐτῶν καὶ τὰς ἡδονὰς καὶ τὰς ἐπιθυμίας ξυμπάντων τε ἐρώτων τὰς σπουδὰς ἐπεσκεμμένον καὶ παραπεφυλαχότα ψέγειν τε ὀρθῶς καὶ ἐπαινεῖν δι᾽ αὐτῶν τῶν νόμων· ἐν ὀργαῖς τε αὖ καὶ ἐν φόβοις, ὅσαι τε διὰ δυστυχίαν ταραχαὶ ταῖς ψυχαῖς γίγνονται καὶ ὅσαι ἐν εὐτυχίαις τῶν τοιούτων ἀποφυγαί, ὅσα τε κατὰ νόσους ἢ κατὰ πολέμους ἢ πενίας ἢ τὰ τούτοις ἐναντία γιγνόμενα προσπίπτει τοῖς ἀνθρώποις παθήματα, ἐν πᾶσι τοῖς τοιούτοις τῆς ἑκάστων διαθέσεως διδακτέον καὶ ὁριστέον τό τε καλὸν καὶ μή. μετὰ δὲ ταῦτα ἀνάγκη τὸν νομοθέτην τὰς κτήσεις τῶν πολιτῶν καὶ τὰ ἀναλώματα φυ-

---

1 *ἀγαθῶν*: **zu** *θείων* **2** *νοῦς*: **=** *φρόνησις* *ψυχῆς ἕξις*: **„Seelenverfassung"** **4** *ἐκείνων*: **nämlich die vorher erwähnten** *ἐλάττονα ἀγαθά* **5** *καὶ δὴ καί*: **und dann auch** *μετὰ δὲ ταῦτα ... εἶναι διακελευστέον*: **anakoluthischer A. m. J.; konstruiere:** *διακελευστέον* **(sc.** *τῷ νομοθέτῃ***)** *εἶναι, τὰς ἀ. προστ. τοῖς πολ. ἐ. τ. βλεπούσας αὐτοῖς.* **6** *Τοῖς πολίταις*: **zu dem in** *προστάξεις* **liegenden Verbum.** **8/9** *ξύμπαντα*: **zu** *θεῖα* **9** *γάμους ἀλλήλοις ἐπικοινουμένους*: **„Ehen, die untereinander geschlossen werden."** **11** *νέων τε ὄντων ...*: **zu übers.: mögen sie, nämlich die Erzeuger (***γέννησις***) und Erzieher (***τροφή***), nun jung sein ...** **13** *ἐπιμελεῖσθαι δεῖ*: **nämlich der Gesetzgeber** **14** *λύπας*: **die Akkusative** *λύπας, ἡδονάς, ἐπιθυμίας, σπουδάς* **hängen von** *ἐπεσκεμμένον* **und** *παραπεφυλαχότα* **ab.** **16** *ψέγειν*: **zu ergänzen** *δεῖ τὸν νομοθέτην* **17** *ὀργαί*: **„Ausbrüche von Zorn"** **19** *τοιούτων*: **nämlich** *ταραχῶν τῆς ψυχῆς* **21** *ἐν*: **nimmt das** *ἐν* **des Anfangs wieder auf.**

λάττειν, ὅντινα ἂν γίγνηται τρόπον καὶ ἐπισκοπεῖν τό τε δίκαιον καὶ μή, ἐν οἷς ἔστι τε καὶ ἐν οἷς ἐλλείπει, καὶ τοῖς μὲν εὐπειθέσι τῶν νόμων τιμὰς ἀπονέμειν, τοῖς δὲ δυσπειθέσι δίκας τακτὰς ἐπιτιθέναι, μέχριπερ ἂν πρὸς τέλος ἁπάσης πολιτείας ἐπεξελθὼν ἴδῃ, τῶν τελευτησάντων τίνα δεῖ τρόπον ἑκάστοις γίγνεσθαι τὰς ταφὰς καὶ τιμὰς ἅστινας αὐτοῖς ἀπονέμειν δεῖ· κατιδὼν δὲ ὁ θεὶς τοὺς νόμους ἅπασι τούτοις φύλακας ἐπιστήσει, τοὺς μὲν διὰ φρονήσεως, τοὺς δὲ δι᾿ ἀληθοῦς δόξης ἰόντας, ὅπως πάντα ταῦτα ξυνδήσας ὁ νοῦς ἑπόμενα σωφροσύνῃ καὶ δικαιοσύνῃ ἀποφήνῃ, ἀλλὰ μὴ πλούτῳ μηδὲ φιλοτιμίᾳ. οὕτως, ὦ ξένοι, ἔγωγε ἤθελον ἂν ὑμᾶς καὶ ἔτι νῦν βούλομαι διεξελθεῖν, πῶς ἐν τοῖς τοῦ Διὸς λεγομένοις νόμοις τοῖς τε τοῦ Πυθίου Ἀπόλλωνος, οὓς Μίνως τε καὶ Λυκοῦργος ἐθέτην, ἔνεστί τε πάντα ταῦτα, καὶ ὅπῃ τάξιν τινὰ εἰληφότα διάδηλά ἐστι τῷ περὶ νόμων ἐμπείρῳ τέχνῃ εἴτε καί τισιν ἔθεσι, τοῖς δὲ ἄλλοις ἡμῖν οὐδαμῶς ἐστὶ καταφανῆ.

4. GÖTTLICHER URSPRUNG DER GESETZE

ΑΘ. Φήμην τοίνυν παραδεδέγμεθα τῆς τῶν τότε μακαρίας ζωῆς, ὡς ἄφθονά τε καὶ αὐτόματα πάντα εἶχεν, ἡ δὲ τούτων αἰτία λέγεται τοιάδε τις· γιγνώσκων ὁ Κρόνος ἄρα, ὡς ἀνθρωπεία φύσις οὐδεμία ἱκανὴ τὰ ἀνθρώπινα διοικοῦσα αὐτοκράτωρ πάντα μὴ οὐχ ὕβρεώς τε καὶ ἀδικίας μεστοῦσθαι, ταῦτ᾿ οὖν διανοούμενος ἐφίστη τότε βασιλέας τε καὶ ἄρχοντας ταῖς πόλεσιν ἡμῶν οὐκ ἀνθρώπους, ἀλλὰ γένους θειοτέρου τε καὶ ἀμείνονος, δαίμονας· οἷον νῦν ἡμεῖς δρῶμεν τοῖς ποιμνίοις καὶ ὅσων ἥμεροί εἰσιν ἀγέλαι, οὐ βοῦς βοῶν οὐδὲ αἶγας αἰγῶν ἄρχοντας

---

9 *φρόνησις* und *ἀληθὴς δόξα* bezeichnen zwei Erkenntnisstufen 10 *ἑπόμενα*: als Folge der ... 21 *ἄφθονος*: frei von Neid; freigebig; reichlich 23 *ὡς ... μεστοῦσθαι*: konstruiere: *ὡς οὐδεμία ἀνθρωπεία φύσις, τὰ ἀνθρώπινα πάντα αὐτοκράτωρ διοικοῦσα, ἱκανή [ἐστιν] μὴ οὐχ ... μεστοῦσθαι* 25 *διανοούμενος*: nimmt das *γιγνώσκων* des Anfangs wieder auf 28 *τὸ ποίμνιον*: die Herde

ποιοῦμεν αὐτοῖσί τινας, ἀλλ' ἡμεῖς αὐτῶν δεσπόζομεν, ἄμεινον ἐκείνων γένος· ταὐτὸν δὴ καὶ ὁ θεὸς φιλάνθρωπος ὢν τότε γένος ἄμεινον ἡμῶν ἐφίστη τὸ τῶν δαιμόνων, ὃ διὰ πολλῆς μὲν αὐτοῖς ῥᾳστώνης, πολλῆς δ' ἡμῖν, ἐπιμελούμενον ἡμῶν, εἰρήνην τε καὶ αἰδῶ καὶ εὐνομίαν καὶ ἀφθονίαν δίκης παρεχόμενον, ἀστασίαστα καὶ εὐδαίμονα τὰ τῶν ἀνθρώπων ἀπειργάζετο γένη. λέγει δὴ καὶ νῦν οὗτος ὁ λόγος ἀληθείᾳ χρώμενος, ὡς ὅσων ἂν πόλεων μὴ θεός, ἀλλά τις ἄρχῃ θνητός, οὐκ ἔστι κακῶν αὐτοῖς οὐδὲ πόνων ἀνάφυξις· ἀλλὰ μιμεῖσθαι δεῖν ἡμᾶς οἴεται πάσῃ μηχανῇ τὸν ἐπὶ τοῦ Κρόνου λεγόμενον βίον, καὶ ὅσον ἡμῖν ἀθανασίας ἔνεστι, τούτῳ πειθομένους δημοσίᾳ καὶ ἰδίᾳ τάς τ' οἰκήσεις καὶ τὰς πόλεις διοικεῖν, τὴν τοῦ νοῦ διανομὴν ἐπονομάζοντας νόμον· εἰ δ' ἄνθρωπος εἷς ἢ ὀλιγαρχία τις ἢ καὶ δημοκρατία ψυχὴν ἔχουσα ἡδονῶν καὶ ἐπιθυμιῶν ὀρεγομένην καὶ πληροῦσθαι τούτων δεομένην, στέγουσαν δὲ οὐδέν, ἀλλ' ἀνηνύτῳ καὶ ἀπλήστῳ κακῷ ξυνεχομένην ἄρξει δὴ πόλεως ἤ τινος ἰδιώτου καταπατήσας ὁ τοιοῦτος τοὺς νόμους, ὃ νῦν δὴ ἐλέγομεν, οὐκ ἔστι σωτηρίας μηχανή.

5. GESETZ UND SEELE

ΑΘ. Ἀκούοι δὴ πᾶς, ὅσπερ νῦν δὴ τὰ περὶ θεῶν τε ἤκουε καὶ τῶν φίλων προπατόρων· πάντων γὰρ τῶν αὐτοῦ κτημάτων μετὰ θεοὺς ψυχὴ θειότατον, οἰκειότα-

---

4 *διὰ . . . ῥᾳστώνης*: negativ zu übersetzen „ohne große eigene Beschwerlichkeit" 6 *ἀφθονία*: volles Maß 12 *ἀθανασία*: das Unsterbliche in uns (die Vernunft) 14 *τοῦ νοῦ διανομή*: etymologisch zu *νόμος* gestellt; etwa zu übers.: das von der Vernunft „Gesetzte" 17 *στέγειν*: „in sich behalten"; von Gefäßen; Ausdruck wegen *πληροῦσθαι* gewählt *ἀν-ήνυτος*: „unvollendet, ohne Ende" 18 *ἄπληστος*: „ohne Sättigung" *ἄρξει*: der Nebensatz wird fortgeführt, von *δὴ* aufgenommen 19 *καταπατεῖν*: mit Füßen treten *τοιοῦτος*: greift auf *ἄνθρωπος* des Anfangs zurück 20 *ὃ . . . ἐλέγομεν*: bezieht sich auf das vorausgehende *οὐκ ἔστι κακῶν . . . ἀνάφυξις* 24 *οἰκεῖος*: „uns zugehörig"

τον ὄν. τὰ δ᾿ αὑτοῦ διττὰ πάντ᾿ ἐστὶ πᾶσι, τὰ μὲν οὖν κρείττω καὶ ἀμείνω δεσπόζοντα, τὰ δ᾿ ἥττω καὶ χείρω δοῦλα· τῶν οὖν αὑτοῦ τὰ δεσπόζοντα ἀεὶ προτιμητέον τῶν δουλευόντων. οὕτω δὴ τὴν αὑτοῦ ψυχὴν μετὰ θεοὺς ὄντας δεσπότας καὶ τοὺς τούτοις ἑπομένους τιμᾶν δεῖν λέγων δευτέραν ὀρθῶς παρακελεύομαι. τιμᾷ δ᾿ ὡς ἔπος εἰπεῖν ἡμῶν οὐδεὶς ὀρθῶς, δοκεῖ δέ· θείων γὰρ ἀγαθῶν που τιμή, τῶν δὲ κακῶν οὐδὲν τίμιον, ὁ δ᾿ ἡγούμενος ἤ τισι λόγοις ἢ δώροις αὐτὴν αὔξειν ἤ τισιν ὑπείξεσιν, μηδὲν βελτίω δὲ ἐκ χείρονος αὐτὴν ἀπεργαζόμενος τιμᾶν μὲν δοκεῖ, δρᾷ δὲ τοῦτο οὐδαμῶς. αὐτίκα παῖς εὐθὺς γενόμενος ἄνθρωπος πᾶς ἡγεῖται πάντα ἱκανὸς εἶναι γιγνώσκειν, καὶ τιμᾶν οἴεται ἐπαινῶν τὴν αὑτοῦ ψυχήν, καὶ προθυμούμενος ἐπιτρέπει πράττειν ὅ τι ἂν ἐθέλῃ· τὸ δὲ νῦν λεγόμενόν ἐστιν, ὡς δρῶν ταῦτα βλάπτει καὶ οὐ τιμᾷ· δεῖ δέ, ὥς φαμεν, μετά γε θεοὺς δευτέραν. οὐδέ γε ὅταν ἄνθρωπος τῶν αὑτοῦ ἑκάστοτε ἁμαρτημάτων μὴ ἑαυτὸν αἴτιον ἡγῆται καὶ τῶν πλείστων κακῶν καὶ μεγίστων, ἀλλ᾿ ἄλλους, ἑαυτὸν δὲ ἀεὶ ἀναίτιον ἐξαιρῇ τιμῶν τὴν αὑτοῦ ψυχήν, ὡς δὴ δοκεῖ· ὁ δὲ πολλοῦ δεῖ δρᾶν τοῦτο· βλάπτει γάρ. οὐδ᾿ ὁπόταν ἡδοναῖς παρὰ λόγον τὸν τοῦ νομοθέτου καὶ ἔπαινον χαρίζηται, τότε οὐδαμῶς τιμᾷ, ἀτιμάζει δὲ κακῶν καὶ μεταμελείας ἐμπιπλὰς αὐτήν. οὐδέ γε ὁπόταν αὖ τἀναντία τοὺς ἐπαινουμένους πόνους καὶ φόβους καὶ ἀλγηδόνας καὶ λύπας μὴ διαπονῇ καρτερῶν, ἀλλ᾿ ὑπείκῃ, τότε οὐ τιμᾷ ὑπείκων· ἄτιμον γὰρ αὐτὴν ἀπεργάζεται δρῶν τὰ τοιαῦτα ξύμπαντα. οὐδ᾿ ὁπόταν ἡγῆται τὸ ζῆν πάντως ἀγαθὸν εἶναι, τιμᾷ, ἀτιμάζει δ᾿ αὐτὴν καὶ τότε· τὰ γὰρ ἐν Ἅιδου πράγματα πάντα κακὰ ἡγουμένης τῆς

---

1 *τὰ δ᾿ αὑτοῦ*: „was unser ist" *διττά*: Prädikatsnomen **5** *τοὺς τούτοις ἑπομένους*: Dämonen und Heroen **6** *δευτέραν*: auf *ψυχήν* zu beziehen *ὡς ἔπος εἰπεῖν*: zu *οὐδείς* **7** *δοκεῖ δέ*: „so sehr es auch den Anschein haben mag" **9** *ὕπειξις*: Nachgiebigkeit **11** *αὐτίκα*: gleich, um nicht weit abzuschweifen, zum Beispiel **12** *ἄνθρωπος πᾶς*: Subjekt **16** *δευτέραν*: z. erg. *τιμᾶν* *οὐδέ*: z. erg. *τιμᾷ τὴν ψυχήν* **19** *ἐξαιρῇ*: von *ἐξαιρεῖν* **24** *ἐπαινεῖν*: anempfehlen *φόβους*: furchteinflößende Gefahren ψυχῆς εἶναι, ὑπείκει καὶ οὐκ ἀντιτείνει διδάσκων τε καὶ ἐλέγχων, ὡς οὐκ οἶδεν οὐδ᾽ εἰ τἀναντία πέφυκε μέγιστα εἶναι πάντων ἀγαθῶν ἡμῖν τὰ περὶ τοὺς θεοὺς τοὺς ἐκεῖ. οὐδὲ μὴν πρὸ ἀρετῆς ὁπόταν αὖ προτιμᾷ τις κάλλος, τοῦτ᾽ ἔστιν οὐχ ἕτερον ἢ ἡ τῆς ψυχῆς ὄντως καὶ πάντως ἀτιμία· ψυχῆς γὰρ σῶμα ἐντιμότερον οὗτος ὁ λόγος φησὶν εἶναι, ψευδόμενος· οὐδὲν γὰρ γηγενὲς Ὀλυμπίων ἐντιμότερον, ἀλλ᾽ ὁ περὶ ψυχῆς ἄλλως δοξάζων ἀγνοεῖ, ὡς θαυμαστοῦ τούτου κτήματος ἀμελεῖ. οὐδέ γε ὁπόταν χρήματά τις ἐρᾷ κτᾶσθαι μὴ καλῶς ἢ μὴ δυσχερῶς φέρῃ κτώμενος, δώροις ἄρα τιμᾷ τότε τὴν αὑτοῦ ψυχήν· πάντως μὲν οὖν λείπει· τὸ γὰρ αὐτῆς τίμιον ἅμα καὶ καλὸν ἀποδίδοται σμικροῦ χρυσίου· πᾶς γὰρ ὅ τ᾽ ἐπὶ γῆς καὶ ὑπὸ γῆς χρυσὸς ἀρετῆς οὐκ ἀντάξιος. ὡς δὲ εἰπεῖν ξυλλήβδην, ὃς ἅπερ ἂν νομοθέτης αἰσχρὰ εἶναι καὶ κακὰ διαριθμούμενος τάττῃ καὶ τοὐναντίον ἀγαθὰ καὶ καλά, τῶν μὲν ἀπέχεσθαι μὴ ἐθέλῃ πάσῃ μηχανῇ, τὰ δὲ ἐπιτηδεύειν ξύμπασαν κατὰ δύναμιν, οὐκ οἶδεν ἐν τούτοις πᾶσι πᾶς ἄνθρωπος ψυχήν, θειότατον ὄν, ἀτιμότατα καὶ κακοσχημονέστατα διατιθείς. τὴν γὰρ λεγομένην δίκην τῆς κακουργίας τὴν μεγίστην οὐδεὶς ὡς ἔπος εἰπεῖν λογίζεται, ἔστι δ᾽ ἡ μεγίστη τὸ ὁμοιοῦσθαι τοῖς οὖσι κακοῖς ἀνδράσιν, ὁμοιούμενον δὲ τοὺς μὲν ἀγαθοὺς φεύγειν ἄνδρας καὶ λόγους καὶ ἀποσχίζεσθαι, τοῖς δὲ προσκολλᾶσθαι διώκοντα κατὰ τὰς ξυνουσίας· προσπεφυκότα δὲ τοῖς τοιούτοις ἀνάγκη ποιεῖν καὶ πάσχειν ἃ πεφύκασιν ἀλλήλους οἱ τοιοῦτοι ποιεῖν καὶ λέγειν. τοῦτο οὖν δὴ τὸ πάθος

---

1 *ὑπείκει*: nämlich diesem falschen Wahn seiner Seele *διδάσκων . . . ἐλέγχων*: zu ergänzen *ψυχήν* 2 *εἰ*: ob *τἀναντία*: adverbial 5 *οὐχ*: verstärkt das *οὐδέ* des Anfangs 7 *Ὀλύμπια*: die himmlischen Güter 10 *μὴ δυσχερῶς φέρῃ κτώμενος*: sich ihres Erwerbes nicht schämt 12 *λείπει*: läßt im Stich, z. erg. *τὴν ψυχήν* 13 *σμικροῦ χρυσίου*: genitivus pretii = für ein elendes Stück Geld 15 *διαριθμεῖσθαι*: im einzelnen aufzählen 19 *κακοσχήμων*: unschicklich 20 *δίκη τῆς κακουργίας*: Strafe für begangenes Unrecht 22 *οὖσι*: erg. „schon" 23 *ὁμοιούμενον*: dadurch, daß man sich gleich macht 24 *προσκολλᾶσθαι*: sich an ihre Spuren heften 26 *ἀνάγκη*: z. erg. *ἐστίν* *ἀλλήλους*: abhängig von *ποιεῖν*

δίκη μὲν οὐκ ἔστι, καλὸν γὰρ τό γε δίκαιον καὶ ἡ δίκη, τιμωρία δέ, ἀδικίας ἀκόλουθος πάθη, ἧς ὅ τε τυχὼν καὶ μὴ τυγχάνων ἄθλιος, ὁ μὲν οὐκ ἰατρευόμενος, ὁ δέ, ἵνα ἕτεροι πολλοὶ σῴζωνται, ἀπολλύμενος. τιμὴ δ' ἐστὶν ἡμῖν, ὡς τὸ ὅλον εἰπεῖν, τοῖς μὲν ἀμείνοσιν ἕπεσθαι, τὰ δὲ χείρονα, γενέσθαι δὲ βελτίω δυνατά, τοῦτ' αὐτὸ ὡς ἄριστα ἀποτελεῖν.

Ψυχῆς οὖν ἀνθρώπῳ κτῆμα οὐκ ἔστιν εὐφυέστερον εἰς τὸ φυγεῖν μὲν τὸ κακόν, ἰχνεῦσαι δὲ καὶ ἑλεῖν τὸ πάντων ἄριστον, καὶ ἑλόντα αὖ κοινῇ ξυνοικεῖν τὸν ἐπίλοιπον βίον· διὸ δεύτερον ἐτάχθη τιμῇ. τὸ δὲ τρίτον, πᾶς ἂν τοῦτό γε νοήσειε τὴν τοῦ σώματος εἶναι κατὰ φύσιν τιμήν· τὰς δ' αὖ τιμὰς δεῖ σκοπεῖν, καὶ τούτων τίνες ἀληθεῖς καὶ ὅσαι κίβδηλοι· τοῦτο δὲ νομοθέτου. μηνύειν δή μοι φαίνεται τάσδε καὶ τοιάσδε τινὰς αὐτὰς εἶναι, τίμιον εἶναι σῶμα οὐ τὸ καλὸν οὐδὲ ἰσχυρὸν οὐδὲ τάχος ἔχον οὐδὲ μέγα, οὐδέ γε τὸ ὑγιεινόν— καίτοι πολλοῖς ἂν τοῦτό γε δοκοῖ— καὶ μὴν οὐδὲ τὰ τούτων γ' ἐναντία, τὰ δ' ἐν τῷ μέσῳ ἁπάσης ταύτης τῆς ἕξεως ἐφαπτόμενα σωφρονέστατα ἅμα τε ἀσφαλέστατα εἶναι μακρῷ· τὰ μὲν γὰρ χαύνους τὰς ψυχὰς καὶ θρασείας ποιεῖ, τὰ δὲ ταπεινάς τε καὶ ἀνελευθέρους· ὡς δ' αὔτως ἡ τῶν χρημάτων καὶ κτημάτων κτῆσις καὶ τιμήσεως κατὰ τὸν αὐτὸν ῥυθμὸν ἔχει. τὰ μὲν ὑπέρογκα γὰρ ἑκάστων τούτων ἔχθρας καὶ στάσεις ἀπεργάζεται ταῖς πόλεσι καὶ ἰδίᾳ, τὰ δ' ἐλλείποντα δουλείας ὡς τὸ πολύ. μὴ δή τις φιλοχρημονείτω παίδων γ' ἕνεκα, ἵνα ὅ τι πλουσιωτάτους καταλίπῃ· οὔτε γὰρ ἐκεί-

---

1 *δίκη*: Strafe im Rechtssinn **2** *τιμωρία*: Schuldwirkung *ἀδικίας ἀκ. πάθη*: Gefühl (*ἡ πάθη* femininum!), das dem Unrecht folgt **4** *σῴζωνται*: nämlich durch abschreckendes Beispiel *ἀπολλύμενος*: nämlich durch Richterspruch **6** *τοῦτ' αὐτό*: in eben diesen Zustand **9** *ἰχνεύειν*: nachspüren **10** *ξυνοικεῖν*: nämlich *τῷ ἀρίστῳ* **11** *δεύτερον ἐτάχθη τιμῇ*: es wurde ihr (der Seele) im Rang die zweite Stelle eingeräumt **14** *κίβδηλος*: unecht **15** *αὐτάς*: sc. *τιμάς* **19** *ἐφάπτεσθαι*: sich zu eigen machen **20** *χαῦνος*: hoffärtig **23** *τιμήσεως*: hängt von *ῥυθμόν* ab **24** *τὰ ὑπέρογκα*: das Übermaß *νοις οὔτ᾽ αὖ τῇ πόλει ἄμεινον. ἡ γὰρ τῶν νέων ἀκολάκευτος οὐσία, τῶν δ᾽ ἀναγκαίων μὴ ἐνδεής, αὕτη πασῶν μουσικωτάτη τε καὶ ἀρίστη· ξυμφωνοῦσα γὰρ ἡμῖν καὶ ξυναρμόττουσα εἰς ἅπαντα ἄλυπον τὸν βίον ἀπεργάζεται· παισὶ δὲ αἰδῶ χρὴ πολλήν, οὐ χρυσὸν καταλείπειν. οἰόμεθα δ᾽ ἐπιπλήττοντες τοῖς νέοις ἀναισχυντοῦσι τοῦτο καταλείψειν· τὸ δ᾽ ἔστιν οὐκ ἐκ τοῦ νῦν παρακελεύματος τοῖς νέοις γιγνόμενον, ὃ παρακελεύονται λέγοντες ὡς δεῖ πάντα αἰσχύνεσθαι τὸν νέον. ὁ δὲ ἔμφρων νομοθέτης τοῖς πρεσβυτέροις ἂν μᾶλλον παρακελεύοιτο αἰσχύνεσθαι τοὺς νέους, καὶ πάντων μάλιστα εὐλαβεῖσθαι, μή ποτέ τις αὐτὸν ἴδῃ τῶν νέων ἢ καὶ ἐπακούσῃ δρῶντα ἢ λέγοντά τι τῶν αἰσχρῶν, ὡς ὅπου ἀναισχυντοῦσι γέροντες, ἀνάγκη καὶ νέους ἐνταῦθα εἶναι ἀναιδεστάτους· παιδεία γὰρ νέων διαφέρουσά ἐστιν ἅμα καὶ αὐτῶν οὐ τὸ νουθετεῖν, ἀλλ᾽ ἅπερ ἂν ἄλλον νουθετῶν εἴποι τις, φαίνεσθαι ταῦτα αὐτὸν δρῶντα διὰ βίου.*

II. STAATLICHE UND SOZIALE BEDEUTUNG DER GESETZE

6. MONARCHIE UND DEMOKRATIE

ΑΘ. Εἰσὶ πολιτειῶν οἷον μητέρες δύο τινές, ἐξ ὧν τὰς ἄλλας γεγονέναι λέγων ἄν τις ὀρθῶς λέγοι, καὶ τὴν μὲν προσαγορεύειν μοναρχίαν ὀρθόν, τὴν δ᾽ αὖ δημοκρατίαν· καὶ τῆς μὲν τὸ Περσῶν γένος ἄκρον ἔχειν, τῆς δὲ ἡμᾶς· αἱ δ᾽ ἄλλαι σχεδὸν ἅπασαι, καθάπερ εἶπον, ἐκ τούτων εἰσὶ διαπεποικιλμέναι. δεῖ δὴ οὖν καὶ ἀναγκαῖον μεταλαβεῖν ἀμφοῖν τούτοιν, εἴπερ ἐλευθερία τ᾽ ἔσται καὶ

---

1 *ἀκολάκευτος*: keine Schmeichler anlockend 3 *μουσικός*: harmonisch 6 *τοῦτο*: bezieht sich auf das Femininum *αἰδῶ* im vorigen Satz 7 *τὸ δ᾽ ἔστιν . . .*: das, nämlich die Schamhaftigkeit, kommt nicht zustande durch die bloße jetzt übliche und nur an die Jünglinge gerichtete Ermahnung . . . 12 *αὐτόν*: bezieht sich inhaltlich auf *πρεσβυτέρους* 15 *διαφέρειν*: hervorragen *αὐτῶν*: nämlich: der Alten 26 *διαποικίλλεσθαι*: bunt zusammenmischen

φιλία μετὰ φρονήσεως· ὃ δὴ βούλεται ἡμῖν ὁ λόγος προστάττειν, λέγων, ὡς οὐκ ἄν ποτε τούτων πόλις ἄμοιρος γενομένη πολιτευθῆναι δύναιτ' ἂν καλῶς.

Ἡ μὲν τοίνυν τὸ μοναρχικόν, ἡ δὲ τὸ ἐλεύθερον ἀγαπήσασα μειζόνως ἢ ἔδει μόνον, οὐδετέρα τὰ μέτρια κέκτηται τούτων· αἱ δὲ ὑμέτεραι, ἥ τε Λακωνικὴ καὶ Κρητική, μᾶλλον, Ἀθηναῖοι δὲ καὶ Πέρσαι τὸ μὲν πάλαι οὕτω πως, τὸ νῦν δὲ ἧττον. τὰ δ' αἴτια διέλθωμεν· Πέρσαι γάρ, ὅτε μὲν τὸ μέτριον μᾶλλον δουλείας τε καὶ ἐλευθερίας ἦγον ἐπὶ Κύρου, πρῶτον μὲν ἐλεύθεροι ἐγένοντο, ἔπειτα δὲ ἄλλων πολλῶν δεσπόται. ἐλευθερίας γὰρ ἄρχοντες μεταδιδόντες ἀρχομένοις καὶ ἐπὶ τὸ ἴσον ἄγοντες μᾶλλον φίλοι τε ἦσαν στρατιῶται στρατηγοῖς καὶ προθύμους αὑτοὺς ἐν τοῖς κινδύνοις παρείχοντο, καὶ εἴ τις αὖ φρόνιμος ἦν ἐν αὐτοῖς καὶ βουλεύειν δυνατός, οὐ φθονεροῦ τοῦ βασιλέως ὄντος, διδόντος δὲ παῤῥησίαν καὶ τιμῶντος τοὺς εἴς τι δυναμένους συμβουλεύειν, κοινὴν τὴν τοῦ φρονεῖν εἰς τὸ μέσον παρείχετο δύναμιν, καὶ πάντα δὴ τότε ἐπέδωκεν αὐτοῖς δι' ἐλευθερίαν τε καὶ φιλίαν καὶ νοῦ κοινωνίαν. —

ΑΘ. Λέγομεν τοίνυν, ὅτι πόλιν, ὡς ἔοικε, τὴν μέλλουσαν σῴζεσθαί τε καὶ εὐδαιμονήσειν εἰς δύναμιν ἀνθρωπίνην δεῖ καὶ ἀναγκαῖον τιμάς τε καὶ ἀτιμίας διανέμειν ὀρθῶς. ἔστι δὲ ὀρθῶς ἄρα τιμιώτατα μὲν καὶ πρῶτα τὰ περὶ τὴν ψυχὴν ἀγαθὰ κεῖσθαι, σωφροσύνης ὑπαρχούσης αὐτῇ, δεύτερα δὲ τὰ περὶ τὸ σῶμα καλὰ καὶ ἀγαθά, καὶ τρίτα τὰ περὶ τὴν οὐσίαν καὶ χρήματα λεγόμενα· τούτων δὲ ἂν ἐκτός τις βαίνῃ νομοθέτης ἢ πόλις,

---

1 *φιλία*: Eintracht, Brüderlichkeit *προστάττειν*: eindringlich ans Herz legen 5 *τὰ μέτρια τούτων*: das richtige Verhältnis zu diesen Grundforderungen 7 *μᾶλλον*: zu ergänzen *τὰ μέτρια κέκτηνται* *οὕτω πως*: „ganz leidlich"; zu ergänzen *ἐκέκτηντο τὰ μέτρια* 13 *φίλοι τε ἦσαν*: Anakoluth; es müßte weiter heißen: *φίλους τι εἶχον στρατιώτας* . . . 19 *ἐπιδιδόναι*: Fortschritte machen; *πάντα* ist Subjekt 22 *εἰς δύναμιν ἀνθρωπίνην*: soweit Menschen das überhaupt vermögen 24 *ὀρθῶς*: aus dem vorigen Satz ist *διανέμειν* zu ergänzen 28 *τούτων*: von dieser Rangordnung; abhängig von *ἐκτός*

εἰς τιμὰς ἢ χρήματα προάγουσα ἤ τι τῶν ὑστέρων εἰς τὸ πρόσθεν τιμαῖς τάττουσα, οὔθ' ὅσιον οὔτε πολιτικὸν ἂν δρῴη πρᾶγμα.

Ταῦτα μὲν τοίνυν ἡμᾶς ἐπὶ πλέον ἐποίησεν εἰπεῖν ἡ Περσῶν περὶ διάσκεψις τῆς πολιτείας· ἀνευρίσκομεν δὲ ἐπὶ ἔτη χείρους αὐτοὺς γεγονότας, τὴν δὲ αἰτίαν φαμέν, ὅτι τὸ ἐλεύθερον λίαν ἀφελόμενοι τοῦ δήμου, τὸ δεσποτικὸν δ' ἐπαγαγόντες μᾶλλον τοῦ προσήκοντος, τὸ φίλον ἀπώλεσαν καὶ τὸ κοινὸν ἐν τῇ πόλει. τούτου δὲ φθαρέντος, οὔθ' ἡ τῶν ἀρχόντων βουλὴ ὑπὲρ ἀρχομένων καὶ τοῦ δήμου βουλεύεται, ἀλλ' ἕνεκα τῆς αὑτῶν ἀρχῆς, ἄν τι καὶ σμικρὸν πλέον ἑκάστοτε ἡγῶνται ἔσεσθαί σφισιν, ἀναστάτους μὲν πόλεις, ἀνάστατα δὲ ἔθνη φίλια πυρὶ καταφθείραντες ἐχθρῶς τε καὶ ἀνηλεῶς μισοῦντες μισοῦνται· ὅταν τε εἰς χρείαν τοῦ μάχεσθαι περὶ ἑαυτῶν τοὺς δήμους ἀφικνῶνται, οὐδὲν κοινὸν ἐν αὐτοῖς αὖ μετὰ προθυμίας τοῦ ἐθέλειν κινδυνεύειν καὶ μάχεσθαι ἀνευρίσκουσιν, ἀλλὰ κεκτημένοι μυριάδας ἀπεράντους λογισμῷ ἀχρήστους εἰς πόλεμον πάσας κέκτηνται, καὶ καθάπερ ἐνδεεῖς ἀνθρώπων μισθούμενοι ὑπὸ μισθωτῶν καὶ ὀθνείων ἀνθρώπων ἡγοῦνταί ποτε σωθήσεσθαι· πρὸς δὲ τούτοις ἀμαθαίνειν ἀναγκάζονται, λέγοντες ἔργοις, ὅτι λῆρος πρὸς χρυσόν τε καὶ ἄργυρόν ἐστιν ἑκάστοτε τὰ λεγόμενα τίμια καὶ καλὰ κατὰ πόλιν.

Τὰ δὲ περὶ τὴν τῆς Ἀττικῆς αὖ πολιτείαν τὸ μετὰ τοῦτο ὡσαύτως ἡμᾶς διεξελθεῖν χρεών, ὡς ἡ παντελὴς καὶ ἀπὸ πασῶν ἀρχῶν ἐλευθερία τῆς μέτρον ἐχούσης

---

1 *χρήματα*: Akkusativobjekt zu *προάγουσα* 5 *περί*: zu *τῆς πολιτείας* 6 *ἐπὶ ἔτη*: im Lauf der Jahre 7 *ἀφελόμενοι*: Subj.: die Könige der Perser 9 *κοινόν*: Gemeingeist 10 *οὔθ'*: diesem *οὔτε* entspricht das *τέ* nach *ὅταν* im folgenden Satz (Z. 15) 12 *ἀναστάτους*: zu erg. *ποιήσαντες*: dem Untergang preisgeben 14 *ἀνηλεής*: erbarmungslos 18 *ἀπεράντους λογισμῷ*: zahllos zu berechnen 20 *ὀθνεῖος*: ausländisch, fremd 22 *ἀμαθαίνειν*: ein Narr werden *λέγοντες ἔργοις*: durch ihr Verhalten das Bekenntnis ablegend *λῆρος*: Geschwätz: „alles eitel" 23 *πρός*: „im Vergleich" 27 *ἀπό*: abhängig von dem in *ἐλευθερία* liegenden *ἐλευθεροῦσθαι*

ἀρχῆς ὑφ᾽ ἑτέρων οὐ σμικρῷ χείρων· ἡμῖν γὰρ κατ᾽ ἐκεῖνον τὸν χρόνον, ὅτε ἡ Περσῶν ἐπίθεσις τοῖς Ἕλλησιν, ἴσως δὲ σχεδὸν ἅπασι τοῖς τὴν Εὐρώπην οἰκοῦσιν ἐγίγνετο, πολιτεία τε ἦν παλαιὰ καὶ ἐκ τιμημάτων ἀρχαί τινες τεττάρων, καὶ δεσπότις ἐνῆν τις αἰδώς, δι᾽ ἣν δουλεύοντες τοῖς τότε νόμοις ζῆν ἠθέλομεν· καὶ πρὸς τούτοις δὴ τὸ μέγεθος τοῦ στόλου κατά τε γῆν καὶ κατὰ θάλατταν γενόμενον, φόβον ἄπορον ἐμβαλόν, δουλείαν ἔτι μείζονα ἐποίησεν ἡμᾶς τοῖς τε ἄρχουσι καὶ τοῖς νόμοις δουλεῦσαι, καὶ διὰ πάντα ταῦθ᾽ ἡμῖν ξυνέπεσε πρὸς ἡμᾶς αὐτοὺς σφοδρὰ φιλία. σχεδὸν γὰρ δέκα ἔτεσι πρὸ τῆς ἐν Σαλαμῖνι ναυμαχίας ἀφίκετο Δᾶτις Περσικὸν στόλον ἄγων, πέμψαντος Δαρείου διαῤῥήδην ἐπί τε Ἀθηναίους καὶ Ἐρετριέας, ἐξανδραποδισάμενον ἀγαγεῖν, θάνατον αὐτῷ προειπὼν μὴ πράξαντι ταῦτα· καὶ ὁ Δᾶτις τοὺς μὲν Ἐρετριέας ἔν τινι βραχεῖ χρόνῳ παντάπασι κατὰ κράτος τε εἷλε μυριάσι συχναῖς, καί τινα λόγον εἰς τὴν ἡμετέραν πόλιν ἀφῆκε φοβερόν, ὡς οὐδεὶς Ἐρετριέων αὐτὸν ἀποπεφευγὼς εἴη· συνάψαντες γὰρ ἄρα τὰς χεῖρας σαγηνεύσαιεν πᾶσαν τὴν Ἐρετρικὴν οἱ στρατιῶται τοῦ Δάτιδος. ὃς δὴ λόγος, εἴτε ἀληθὴς εἴτε καὶ ὅπῃ ἀφίκετο, τούς τε ἄλλους Ἕλληνας καὶ δὴ καὶ Ἀθηναίους ἐξέπληττε, καὶ πρεσβευομένοις αὐτοῖς πανταχόσε βοηθεῖν οὐδεὶς ἤθελε πλήν γε Λακεδαιμονίων· οὗτοι δὲ ὑπό τε τοῦ πρὸς Μεσσήνην ὄντος τότε πολέμου καὶ εἰ δή τι διεκώλυεν ἄλλο αὐτούς, οὐ γὰρ ἴσμεν λεγόμενον, ὕστεροι δ᾽ οὖν ἀφίκοντο τῆς ἐν

1 ὑφ᾽: abhängig von dem in ἀρχῆς liegenden pass. ἄρχεσθαι 2 Ἕλλησιν: Dativ wegen des in ἐπίθεσις liegenden ἐπιτίθεσθαι 4 παλαιά: die Solonische τιμήματα: Vermögensklassen (πεντακοσιομέδιμνοι, ἱππεῖς, ζευγῖται, θῆτες) 8 ἄπορος: ratlos 12 Δᾶτις: Zug des Datis und Artaphernes i. J. 490 13 διαῤῥήδην: ausdrücklich 14 ἐξανδραποδισάμενον: freie Konstruktion: in πέμψαντος liegt etwa κελεύοντος; davon abhängig: αὐτὸν (Δᾶτιν) ἐξανδραποδισάμενον ἀγαγεῖν. 15 προειπών: Anakoluthisch Δαρείου aufnehmend 19 σαγηνεύειν: ausfegen; Optativus der oratio obliqua συνάπτειν τὰς χεῖρας: die Hände zu einer Kette verbinden 25 ἄλλο: Herodot (VI 106) gibt als Grund des Zögerns der Lakedämonier an, daß sie erst den Vollmond abwarten wollten, ehe sie ausrückten 26 δ᾽ οὖν: nimmt das οὗτοι δέ des Anfangs wieder auf.

Μαραθῶνι μάχης γενομένης μιᾷ ἡμέρᾳ. μετὰ δὲ τοῦτο παρασκευαί τε μεγάλαι λεγόμεναι καὶ ἀπειλαὶ ἐφοίτων μυρίαι παρὰ βασιλέως. προϊόντος δὲ τοῦ χρόνου Δαρεῖος μὲν τεθνάναι ἐλέχθη, νέος δὲ καὶ σφοδρὸς ὁ υἱὸς αὐτοῦ παρειληφέναι τὴν ἀρχὴν καὶ οὐδαμῶς ἀφίστασθαι τῆς ὁρμῆς· οἱ δὲ Ἀθηναῖοι πᾶν τοῦτο ᾤοντο ἐπὶ σφᾶς αὐτοὺς παρασκευάζεσθαι διὰ τὸ Μαραθῶνι γενόμενον, καὶ ἀκούοντες Ἄθω τε διορυττόμενον καὶ Ἑλλήσποντον ζευγνύμενον καὶ τὸ τῶν νεῶν πλῆθος ἡγήσαντο οὔτε κατὰ γῆν σφίσιν εἶναι σωτηρίαν οὔτε κατὰ θάλατταν· μεμνημένοι γὰρ ὡς οὐδ᾽ ὅτε τὸ πρότερον ἦλθον καὶ τὰ περὶ Ἐρέτριαν διεπράξαντο, σφίσι γε οὐδεὶς τότε ἐβοήθησεν οὐδ᾽ ἐκινδύνευσε ξυμμαχόμενος ταὐτὸν δὴ προσεδόκων καὶ τότε γενήσεσθαι τό γε κατὰ γῆν καὶ κατὰ θάλατταν δ᾽ αὖ πᾶσαν ἀπορίαν ἑώρων σωτηρίας, νεῶν χιλίων καὶ ἔτι πλεόνων ἐπ φερομένων. μίαν δὴ σωτηρίαν ξυνενόουν, λεπτὴν μὲν καὶ ἄπορον, μόνην δ᾽ οὖν, βλέψαντες πρὸς τὸ πρότερον γενόμενον, ὡς ἐξ ἀπόρων καὶ τότε ἐφαίνετο γενέσθαι τὸ νικῆσαι μαχομένους· ἐπὶ δὲ τῆς ἐλπίδος ὀχούμενοι ταύτης εὕρισκον καταφυγὴν αὐτοῖς εἰς αὐτοὺς μόνους εἶναι καὶ τοὺς θεούς. ταῦτ᾽ οὖν αὐτοῖς πάντα φιλίαν ἀλλήλων ἐνεποίει, ὁ φόβος ὁ τότε παρὼν ὅ τε ἐκ τῶν νόμων τῶν ἔμπροσθεν γεγονώς, ὃν δουλεύοντες τοῖς πρόσθεν νόμοις ἐκέκτηντο, ἣν αἰδῶ πολλάκις ἐν τοῖς ἄνω λόγοις εἴπομεν, ᾗ καὶ δουλεύειν ἔφαμεν δεῖν τοὺς μέλλοντας ἀγαθοὺς ἔσεσθαι, ἧς ὁ δειλὸς ἐλεύθερος καὶ ἄφοβος· ὃν εἰ τότε μή δέος ἔλαβεν, οὐκ ἄν ποτε ξυνελθὼν ἠμύνατο οὐδ᾽ ἤμυνεν ἱεροῖς τε καὶ τάφοις καὶ πατρίδι καὶ τοῖς ἄλλοις

---

1 *μιᾷ ἡμέρᾳ*: zu *ὕστεροι*; mit Betonung an den Schluß gestellt 4 *σφοδρός*: tatendurstig *υἱός*: Xerxes 8 *Ἄθως*: das Vorgebirge Athos, an dem eine Perserflotte zerschellt war. 19 *τὸ νικῆσαι μαχομένους*: der substantivierte A. c. I. ist Subjekt zu *ἐφαίνετο γενέσθαι* 22 *φόβος*: Ehrfurcht 24 *ἥν*: Femin. durch Attraktion an *αἰδῶ* 26 *δειλός*: Hinzuzufügen ist: in gewöhnlichen Zeiten *ὅν*: auf *δειλός* zu bez. Vgl. Schiller (Braut von Messina): „Selber dem Feigen erzeugt er (d. Krieg) den Mut.“ 27 *ξυνελθών*: Subjekt aus dem folgenden *ἕκαστος* zu nehmen 28 *ἄλλοις*: Neutrum

οἰκείοις τε ἅμα καὶ φίλοις, ὥσπερ τότ᾽ ἐβοήθησεν, ἀλλὰ κατὰ σμικρὰ ἂν ἐν τῷ τότε ἡμῶν ἕκαστος σκεδασθεὶς ἄλλοσε διεσπάρη.

7. „GLEICHHEIT“

ἈΘ. Ἡ μὲν αἵρεσις οὕτω γιγνομένη μέσον ἂν ἔχοι μοναρχικῆς καὶ δημοκρατικῆς πολιτείας, ἧς ἀεὶ δεῖ μεσεύειν τὴν πολιτείαν· δοῦλοι γὰρ ἂν καὶ δεσπόται οὐκ ἄν ποτε γένοιντο φίλοι, οὐδὲ ἐν ἴσαις τιμαῖς διαγορευόμενοι φαῦλοι καὶ σπουδαῖοι. τοῖς γὰρ ἀνίσοις τὰ ἴσα ἄνισα γίγνοιτ᾽ ἄν, εἰ μὴ τυγχάνοι τοῦ μέτρου· διὰ γὰρ ἀμφότερα ταῦτα στάσεων αἱ πολιτεῖαι πληροῦνται. παλαιὸς γὰρ λόγος ἀληθὴς ὤν, ὡς ἰσότης φιλότητα ἀπεργάζεται, μάλα μὲν ὀρθῶς εἴρηται καὶ ἐμμελῶς· ἥτις δ᾽ ἐστί ποτε ἰσότης ἡ τοῦτο αὐτὸ δυναμένη, διὰ τὸ μὴ σφόδρα σαφὴς εἶναι σφόδρα ἡμᾶς διαταράττει. δυοῖν γὰρ ἰσοτήτοιν οὔσαιν, ὁμωνύμοιν μέν, ἔργῳ δὲ εἰς πολλὰ σχεδὸν ἐναντίαιν, τὴν μὲν ἑτέραν εἰς τὰς τιμὰς πᾶσα πόλις ἱκανὴ παραγαγεῖν καὶ πᾶς νομοθέτης, τὴν μέτρῳ ἴσην καὶ σταθμῷ καὶ ἀριθμῷ, κλήρῳ ἀπευθύνων εἰς τὰς διανομὰς αὐτήν· τὴν δὲ ἀληθεστάτην καὶ ἀρίστην ἰσότητα οὐκέτι ῥᾴδιον παντὶ ἰδεῖν. Διὸς γὰρ δὴ κρίσις ἐστί, καὶ τοῖς ἀνθρώποις ἀεὶ σμικρὰ μὲν ἐπαρκεῖ, πᾶν δέ, ὅσον ἂν ἐπαρκέσῃ πόλεσιν ἢ καὶ ἰδιώταις, πάντ᾽ ἀγαθὰ ἀπεργάζεται· τῷ μὲν γὰρ μείζονι πλείω, τῷ δ᾽ ἐλάττονι σμικρότερα νέμει, μέτρια διδοῦσα πρὸς τὴν αὐτῶν φύσιν ἑκατέρῳ, καὶ δὴ καὶ τιμὰς μείζοσι μὲν πρὸς ἀρετὴν ἀεὶ μείζους, τοῖς δὲ τοὐναντίον ἔχουσιν ἀρετῆς τε καὶ παιδείας τὸ πρέπον ἑκατέροις ἀπο-

---

5 *αἵρεσις*: Wahlverfahren: Platon hat vorher über die Wahl von 360 Ratsherren gesprochen, die von den vier (solonischen) Vermögensklassen gewählt werden sollen. 8 *διαγορεύειν*: deutlich aussagen; hier: „durch Beschluß oder Wahl einsetzen“ 10 *μέτρον*: das richtige Verhältnis 13 *ἐμ-μελής*: im Klange übereinstimmend *ἥτις*: leitet den von *σαφής* abhängigen indirekten Fragesatz ein 17 *τιμάς*: zur Verteilung von Ehren und Auszeichnungen 18 *σταθμός*: Gewicht 19 *ἀπευθύνειν*: lenken *διανομή*: Verteilung *αὐτήν*: = *ἰσότητα* 22 *ἐπαρκεῖν*: trans.; gewähren 26 *πρός* m. Akk.: im Verhältnis zu 27 *παιδεία*: Bildung *τὸ πρέπον*: soviel ihnen zusteht

νέμει κατὰ λόγον. ἔστι γὰρ δή που καὶ τὸ πολιτικὸν ἡμῖν ἀεὶ τοῦτ᾽ αὐτὸ τὸ δίκαιον· οὗ καὶ νῦν ἡμᾶς ὀρεγομένους δεῖ καὶ πρὸς ταύτην τὴν ἰσότητα, ὦ Κλεινία, ἀποβλέποντας τὴν νῦν φυομένην κατοικίζειν πόλιν· ἄλλην τε ἄν ποτέ τις οἰκίζῃ, πρὸς ταὐτὸ τοῦτο σκοπούμενον χρεὼν νομοθετεῖν, ἀλλ᾽ οὐ πρὸς ὀλίγους τυράννους ἢ πρὸς ἕνα ἢ καὶ κράτος δήμου τι, πρὸς δὲ τὸ δίκαιον ἀεί. τοῦτο δ᾽ ἐστὶ τὸ νῦν δὴ λεχθέν, τὸ κατὰ φύσιν ἴσον ἀνίσοις ἑκάστοτε δοθέν· ἀναγκαῖόν γε μὴν καὶ τούτοις παρωνυμίοισί ποτε προσχρήσασθαι πόλιν ἅπασαν, εἰ μέλλει στάσεων ἑαυτῇ μὴ προσκοινωνήσειν κατά τι μέρος. τὸ γὰρ ἐπιεικὲς καὶ ξύγγνωμον τοῦ τελέου καὶ ἀκριβοῦς παρὰ δίκην τὴν ὀρθήν ἐστι παρατεθραυμένον, ὅταν γίγνηται· διὸ τῷ τοῦ κλήρου ἴσῳ ἀνάγκη προσχρήσασθαι δυσκολίας τῶν πολλῶν ἕνεκα, θεὸν καὶ ἀγαθὴν τύχην ἑκάστοτε ἐν εὐχαῖς ἐπικαλουμένους ἀπορθοῦν αὐτοὺς τὸν κλῆρον πρὸς τὸ δικαιότατον. οὕτω δὴ χρηστέον ἀναγκαίως μὲν τοῖν ἰσοτήτοιν ἀμφοῖν, ὡς δ᾽ ὅ τι μάλιστα ἐπ᾽ ὀλιγίστοις τῇ ἑτέρᾳ, τῇ τῆς τύχης δεομένῃ.

8. SOZIALER AUSGLEICH

ἈΘ. Τόδε δ᾽ ἐπὶ τούτοις αὖ νόμου σχῆμα ἔγωγ᾽ ἂν τιθείην ὡς ἑπόμενον. δεῖ γὰρ ἐν πόλει που τῇ τοῦ μεγίστου νοσήματος οὐ μεθεξούσῃ, ὃ διάστασιν ἢ στάσιν ὀρθότερον ἂν εἴη κεκλῆσθαι, μήτε πενίαν τὴν χαλεπὴν ἐνεῖναι παρά τισι τῶν πολιτῶν μήτ᾽ αὖ πλοῦτον, ὡς ἀμφοτέρων τικτόντων ταῦτα ἀμφότερα· νῦν οὖν ὅρον δεῖ

1 *κατὰ λόγον*: nach Verhältnis 9 *παρωνύμιος*: „abgeleitet", nämlich von der wahren Gerechtigkeit 10 *ποτέ*: dann u. wann 11 *ἐπιεικής*: billig, geziemend 12 *ξυγγνώμων*: verzeihend *τέλεος*: vollkommen *ἀκριβής*: genau, regelrecht 13 *παραθραύειν*: abbrechen; *παρατεθραυμένον* subst. mit „Abbruch" zu übersetzen; davon abhängig *τελέου* und *ἀκριβοῦς* 14 *δυσκολία*: Unzufriedenheit 16 *αὐτούς*: nämlich die Götter; Subjektsakkusativ 19 *τῇ τῆς τύχης δεομένῃ*: nämlich *κλήρῳ* 21 *ἐπὶ τούτοις*: Platon hat vorher von der Möglichkeit einer verhältnismäßigen Vermögensgleichheit der Staatsbürger gesprochen. 23 *διάστασις*: Spaltung; *ἤ* (= als) hängt von *ὀρθότερον* ab 26 *ἀμφότερα*: näml. *διάστασις* und *στάσις* *ὅρος*: Grenze

τούτων ἑκατέρου τὸν νομοθέτην φράζειν. ἔστω δὴ πενίας μὲν ὅρος ἡ τοῦ κλήρου τιμή, ὃν δεῖ μένειν καὶ ὃν ἄρχων οὐδεὶς οὐδενί ποτε περιόψεται ἐλάττω γιγνόμενον, τῶν τε ἄλλων κατὰ ταὐτὰ οὐδείς, ὅστις φιλότιμος ἐπ' ἀρετῇ· μέτρον δὲ αὐτὸν θέμενος ὁ νομοθέτης διπλάσιον ἐάσει τούτου κτᾶσθαι καὶ τριπλάσιον καὶ μέχρι τετραπλασίου. πλείονα δ' ἄν τις κτᾶται τούτων εὑρὼν ἢ δοθέντων ποθὲν ἢ χρηματισάμενος ἤ τινι τύχῃ τοιαύτῃ κτησάμενος ἄλλῃ τὰ περιγιγνόμενα τοῦ μέτρου, τῇ πόλει ἂν αὐτὰ καὶ τοῖς τὴν πόλιν ἔχουσι θεοῖς ἀπονέμων εὐδόκιμός τε καὶ ἀζήμιος ἂν εἴη· ἐὰν δέ τις ἀπειθῇ τούτῳ τῷ νόμῳ, φανεῖ μὲν ὁ βουλόμενος ἐπὶ τοῖς ἡμίσεσιν, ὁ δὲ ὄφλων ἄλλο τοσοῦτον μέρος ἀποτίσει τῆς αὑτοῦ κτήσεως, τὰ δ' ἡμίσεα τῶν θεῶν. ἡ δὲ κτῆσις χωρὶς τοῦ κλήρου πάντων πᾶσα ἐν τῷ φανερῷ γεγράφθω παρὰ φύλαξιν ἄρχουσιν, οἷς ἂν ὁ νόμος προστάξῃ, ὅπως ἂν αἱ δίκαι περὶ πάντων, ὅσαι εἰς χρήματα, ῥᾴδιαί τε ὦσι καὶ σφόδρα σαφεῖς.

III. EINZELGESETZGEBUNG

9. RELIGION

ΑΘ. Φέρε δή, πῶς ἄν τις μὴ θυμῷ λέγοι περὶ θεῶν ὡς εἰσίν; ἀνάγκη γὰρ δὴ χαλεπῶς φέρειν καὶ μισεῖν ἐκείνους, οἳ τούτων ἡμῖν αἴτιοι τῶν λόγων γεγένηνται καὶ γίγνονται νῦν, οὐ πειθόμενοι τοῖς μύθοις, οὓς ἐκ νέων παίδων ἔτι ἐν γάλαξι τρεφόμενοι τροφῶν τε ἤκουον καὶ μητέρων, οἷον ἐν ἐπῳδαῖς μετά τε παιδιᾶς καὶ μετὰ

---

1 *ἑκατέρου*: des Reichtums und der Armut 2 *ἡ τοῦ κλήρου τιμή*: Einschätzung nach dem Landlos 3 *περιορᾶσθαι*: zulassen 5 *αὐτόν*: = *κλῆρον* 7 *εὑρών*: durch einen glücklichen Fund *δοθέντων*: erg. *τινων* 10 *εὐδόκιμος*: in gutem Ruf stehend 12 *ἐπί*: unter der Bedingung; Sinn: jeder, der es anzeigt, soll die Hälfte der überschießenden Summe erhalten. *ὄφλων*: von *ὀφλισκάνειν* sich schuldig machen 12/13 *ἄ. τ. μέρος*: ebensoviel 13 *κτήσεως*: von *ἀπό* in *ἀποτίσει* abhängig 20 *θυμῷ*: mit heiligem Zorn; denn der Glaube an die Götter dürfte nicht bezweifelt werden. 22 *τούτων τῶν λόγων*: nämlich über das Dasein der Götter 24 *γάλαξι*: wir: an der Mutterbrust 25 *ἐν ἐπῳδαῖς*: bei Zaubergesängen

σπουδῆς λεγομένων, καὶ μετὰ θυσιῶν ἐν εὐχαῖς αὐτοὺς ἀκούοντές τε καὶ ὄψεις ὁρῶντες ἑπομένας αὐτοῖς, ἃς ἥδιστα ὅ γε νέος ὁρᾷ τε καὶ ἀκούει πραττομένας θυόντων, ἐν σπουδῇ τῇ μεγίστῃ τοὺς αὑτῶν γονέας ὑπὲρ αὑτῶν τε καὶ ἐκείνων ὡς ὅ τι μάλιστα οὖσι θεοῖς εὐχαῖς προσδιαλεγομένους καὶ ἱκετείαις, ἀνατέλλοντός τε ἡλίου καὶ σελήνης καὶ πρὸς δυσμὰς ἰόντων προκυλίσεις ἅμα καὶ προσκυνήσεις ἀκούοντές τε καὶ ὁρῶντες Ἑλλήνων τε καὶ βαρβάρων πάντων ἐν συμφοραῖς παντοίαις ἐχομένων καὶ ἐν εὐπραγίαις, οὐχ ὡς οὐκ ὄντων ἀλλ' ὡς ὅ τι μάλιστα ὄντων καὶ οὐδαμῇ ὑποψίαν ἐνδιδόντων ὡς οὐκ εἰσὶ θεοί· τούτων δὴ πάντων ὅσοι καταφρονήσαντες οὐδὲ ἐξ ἑνὸς ἱκανοῦ λόγου, ὡς φαῖεν ἂν ὅσοι καὶ σμικρὸν νοῦ κέκτηνται, νῦν ἀναγκάζουσιν ἡμᾶς λέγειν ἃ λέγομεν, πῶς τούτους ἄν τις ἐν πραέσι λόγοις δύναιτο νουθετῶν ἅμα διδάσκειν περὶ θεῶν πρῶτον ὡς εἰσί; τολμητέον δέ· οὐ γὰρ ἅμα γε δεῖ μανῆναι τοὺς μὲν ὑπὸ λαιμαργίας ἡδονῆς ἡμῶν, τοὺς δ' ὑπὸ τοῦ θυμοῦσθαι τοῖς τοιούτοις. ἴτω δὴ πρόρρεσις τοιάδε τις ἄθυμος τοῖς οὕτω τὴν διάνοιαν διεφθαρμένοις, καὶ λέγωμεν πράως, σβέσαντες τὸν θυμόν, ὡς ἑνὶ διαλεγόμενοι τῶν τοιούτων· ὦ παῖ, νέος εἶ· προϊὼν δέ σε ὁ χρόνος ποιήσει πολλὰ ὧν νῦν δοξάζεις μεταβαλόντα ἐπὶ τἀναντία τίθεσθαι· περίμεινον οὖν εἰς τότε κριτὴς περὶ τῶν μεγίστων γίγνεσθαι. μέγιστον δέ, ὃ νῦν οὐδὲν ἡγεῖ σύ, τὸ περὶ τοὺς θεοὺς ὀρθῶς διανοηθέντα ζῆν καλῶς ἢ μή. πρῶτον δὲ περὶ αὐτῶν ἕν τι μέγα σοι μηνύων οὐκ ἄν ποτε φανείην ψευδής, τὸ τοιόνδε. οὐ σὺ μόνος

---

1 *λεγομένων*: **sc.** *μύθων* **aus dem vorhergehenden** *μύθοις* *αὐτούς*: **=** *μύθους* **2** *ἑπομένας αὐτοῖς*: **die mit den Mythen übereinstimmten** **4** *σπ. τ. μεγίστῃ*: **in heiligem Ernst** **5** *ὡς—οὖσι θεοῖς*: **ohne nur im geringsten am Dasein der Götter zu zweifeln; Dativ abhängig von** *προσδιαλ.* *προσδιαλεγομένους*: **Akk. abh. von** *ἀκούοντες καὶ ὁρῶντες* **7** *προκύλισις*: **Kniefall** **12** *τούτων δε πάντων*: **von** *καταφρονήσαντες* **abhängig** **13** *ἱκανὸς λόγος*: **zureichender Grund** **15** *πραέσι*: **=** *πράοις* **17** *λαιμαργία*: **Gefräßigkeit** *ἡμῶν*: **von** *τοὺς μέν—τοὺς δέ* **abh.** **19** *ἄθυμος*: **sine ira** **21** *εἶ*: **zu erg. „noch“** **23** *περίμεινον . . κριτής γίγνεσθαι*: **= warte, [ehe] du Richter wirst**

Staat. V cp 10. Folgen d. Untergang ... Plato.
cp 15/16 Krieg zw. Gr. u. Barbaren, πόλεμος, στάσις.
cp. 18. Philosophen als Herrscher.
cp 17. Idealstaat möglich.
(cp 20: echte Philos. schwer; 2 Arb.).
VI cp 3 f.: Philos. – prakt. Leb. entfremdet. ~ Gorg.
cp 4 Staat = Schiff, Philos. = Steuermann: übs Wilamp. 434 f. §488
cp 6.I ... öffentl. Meinung ... begabt, Mann. (~ Alkib?) (Forts. cp. 8).
(cp 6 II Sophist ... Laune d. Menge ~ Gorg.
10. ... Philos. vereinsamt = Wilamow. Plat. p. 436 übers.
11. ... Alter ... Philos. widmen. (opp. Kall. i. Gorg. cp.) (Ip 83 u. Iron.)
(12 f.: Menge ... besser als man ...: iron. ernst.
(16. Philos., ... Idee d. Guten (p. 431): schwer
(cp 18 f.: Sokr. Meinung v. Gute. ... : zu schwer.
VII (cp 1–3 Höhlengleichn. 2–3 Arb., ...! übs Wilamp 410–413
cp 5. Philos. abwechseln ... prakt. Weltdienst. ~ cp 18.
(cp 7–10 Mathem. als Übungsfach ...: vorlesen.
(cp 16 = 538 b Gefahr dialekt. Schulung: inhaltl. zu schwer.
VIII (cp 2–4: 4 Staatsform – 4 Charakterform
cp 6/7 = 2 Arb. a. ... Timokr. ... Olig. ... Wesen d. Olig. ... Plat.
u. ... Gefahr d. Olig. (ab p 110 Z. g.)
cp 10 (= 2 Arb.): Plato ... Olig. u. Demokr. ...
Umwertg. d. Begriffe – Gefahr ... Wilam. p 438 Anm.) cp 11 ... Demokr. ... (cp 12 f.: Typus d. Demokr. Freiheitsschwindel ...
cp 14 f.: 562 b ... Demokr. ... Tyrannis Rö III 2, 98 u. IX 2 f.
(17 f.: Naturgesch. d. Tyr. (2 Arb.: zu gross! ... III.
IX 5 f. Seele d. Tyr. ... ~ Gorg. cp.
(7) 8: ... 3 Seelenteile = 2 Arb.
12 „Unrechttun bringt Vorteil“, zu Gorg Staat I 10. (cp 13 Banausentum: ...
X cp 1 39 b = 591 D ... wirkl. ... : ~ V 17 (~ VI 10)
X 7 Dichter e. Nachahmer ... (s. Inhaltsang. p 142 b. 143 m. u. 144 m)
12 ... Gerecht ... II 17 f. 1. Eisb. Ztl. = Kr Rö III 278 = Deu II p 25
... : ... Mythos ... Vergeltung i. Jenseits.

Okt 1930. Plato, Staat. z. Vorlesen u. f. Kl. H.A. ...) C. Ritter, 1909 ...
[... Probleme].
[p: Seitenzahl. Zeilzahl, Ritter!]

I (cp 3: δικαιοσύνη = ... suum cuique, ... ~ Gorg.
(p 6 m, u + 7 m : gerecht = vorteilhaft ... ~ Gorg 39 ...
x) p 8, 31 – 9, 25 (kürzen) = cp 16 schöne Arb., ... besser 2 Arbeiten ... Ungerechte ... Vorteil ... ~ Gorg.

II p 16 cp 2–3 ... 359 – 359 b. zu Gorg cp 40 f ... δικαιοσύνη ... Notbehelf ... übers. Wilam p 401–407 [opp Sokr] = Ritt Rö Nr 289. Sophist. Definit. d. Gerechtigkt

3–4 p 16, 30 – 17, 22 = cp 4 Los d. Gerechten. Ungerecht [opp Sokr] : übs Wilam ...

Arb (p 17 u – (18 ...) – 18 u 1906 = cp 6 – 9 (= 3–4 Arbeiten) was bringt ...
Gerechtigkt od. d. Schein d. Gerechtigkt.? ... Sokr : IV 19)

p 20 (kürzen) = cp 11 (od ... 21 ob) (= 2 Arb) : Plato ... Urstaat ...
(p 22. ... = ... Ideal.
p 23, 30 – 24, 33 u. 25, 30 – 26, 27! = cp 17–19 ... Rö III 280 ... Götter vorstellg ... Homers. = 2 Arb.
zu Gorg cp 57 ...

III (p 28, 12 – 29, 13 : kürzen; ... Heroen ... σωφροσύνη)
(p 31, u – 32 m) : ... Fachleute ... vielseitig Talente ...)
(p 34) ... Künstler ... Staat überwacht ...
Vorles : ... Ärzte p 38 f ... arm.
(p 39, 25 – 40, 12 gymnast. Übg. z. Ausbildg d. Seele ...) Gruss III 60 f = Rösch III 275
(cp 21 f ... Mythos ... Staatl. Ordng als pia fraus = 2 Arb.)

IV (cp. 1: ... Standesinter. ... Staatsinteresse)
cp 3 f (p 45, 28 – 46, 20 : ... Änderg d. Erziehg ... Musik untergräbt Staat
(cp 8. σωφροσύνη ... Staate verkörpert ...
cp 10. ... δικαιοσύνη ... Idealstaat. = 2 Arb. (...)
cp 16. ... Einzelmenschen (opp cp 18: ἀδικία)
[p 62–64 ... Weibergemeinsch. V cp 7–9]

Kleinere Arb. : p 2 m (Reichtum) 11 ob ... 16, ... = cp 19 ...
p 27 u (Lüge) 77 ob: ... lebensfremd? (81 m ... 130 u: ...
... Jugend? (591 a =) p 138 ... Zweck ... ~ Gorg cp 83.

x) 3 Möglktn: 1) 343 b – E (...) je nach ... kürzen 150 – 190 ...
2) 343 b – 344 b. ... = 220 W!
3) 2 Arbeiten a) 343 b – E b) 344 A – C. ...

10. Plato, Gesetze II c 5 (658E–659b). ... Richter ... mus. Kunst. συγχωρῶ... πᾶν τοὐναντίον ξυμβαίνει. ... [καὶ – ἀπαιδευσίας ...! ... ἐξῆν – καθάπερ, ...: ὁ δὲ Σικελ.[τε] καὶ Ἰταλικὸς νόμος νῦν...]

11. III c. 15, 16. ἄρχοντες τῆς ἀμουσίου... μὴ ὑπηκόους εἶναι.

12. IX 1 3874E ... Natur o Gesetzgeb. νόμους ἀνθρώποις.. ἀναγκάζοντι θέσθαι... ..τὸ δ' ἐπὶ πᾶν ἀδυνατεῖ

13. X 3. ὦ παῖ, νέος εἶ... μηδὲν ἀσεβῆσαι. übs. – Seele p 22f.

14. XII, 5. ἄν τινες ἐπιθυμῶσι... ποτὲ τελέως πόλις.

) ~~Ritter ... Gesetze ... geeignet ... größ. Arb.~~

~~...~~ (aus Kraut-Rösch, Anthol. gr. Pros. III 275 = Preuss III p 60f.

15 Staat III 410 D–412 A = III cp 17, 18 Mus. u. gymnast. Bildg.

Inf. ... Ritter ... Text ... Übers: Text ... Preuss II ...

16. X cp 3 = 599 B – 600 B Ungünst. Urteil ... Homer. III 281

17. III cp 22 = 416 D – 417 B (= Krt Rö Nr 292). o Kriegerstand i plat. Staat

18. I cp 19 = 347 B – D. (= Krt-Rö Nr 297). ... Herrschen eine Last. [... ...]

Griech. Arb. [illegible] VIII. IX. [[illegible] 1929/30]

Plato.

1. Phaed c. 47. Sokr. [illegible] – geist. Entwicklgsgang. [illegible]
Anaxag. [illegible], [illegible] 8. ἐπαλλαξ ... κάκιστοι ἔδοξεν ὁμοιότατον πεπονθέναι ... ἐπὶ τὴν τῆς αἰτίας ζήτησιν.

2. Sympos c. 32. Wirkg. d. Sokr. [illegible] Schüler [illegible] Alkib. [illegible]
ἡμεῖς ὅταν μέν του ἄλλου ... τούτῳ τῷ ἀνθρώπῳ.

3. 7. Brief[x] [illegible] 324 c. e. 325 a – c. Pl. [illegible] staatl. Gemeinschft [illegible] νέος ἐγώ ποτε ὤν ...
τὰ πολιτικὰ διοικεῖν.
x 3. 7. übers. [illegible] Leisegang, Plato [illegible] p. 9; [illegible] übers. [illegible] v. Gomperz b) Howald c. Andreae.

4. Protag. c. 15. [325 E 326 A–C] [illegible] kap: Kraut-Rösch III 274 [illegible]
mus. [illegible] gymnast. Ausbildg. [illegible] [οὔτ' αὖ κιθαρισταὶ σωφροσύνης ...] ἐκ παίδων ἐπιμελ... ὀψιαίτατα ἀπαλλάττονται.

5. Staat I 16. [illegible] Kallikl. [illegible] Gorgias [illegible] Thrasymach.
[illegible] οὕτω πόρρω εἶ ... ἀδικοῦντι [illegible] τὸ δίκαιον.

(Vgl: Strabo 1, 2, 8: Mythe [illegible] Erziehgsmittel, = Kraut-Rösch III 276.)

6. II 19. Pl. [illegible] Göttervorstellg [illegible] Hom. – Trag. = Kr-Rö III 280 τὴν τῶν ὅρκων καὶ σπονδῶν ... οὔτε θαυμάζειν αὐτοῖς
Kürzgen [illegible] Auffassung p. 6 f
ohne Kürzg = Kraut-Rösch Nr 280 [illegible] D: Ehrfurcht [illegible] Gotth. [illegible] Pflicht [illegible]

7. V 16 [illegible] Pl. [illegible] Kampf [illegible] Gr. [illegible] πόλεμος, [illegible] στάσις.
[illegible] φημὶ τὸ μὲν Ἑλληνικὸν γένος ... ἀλγούντων δοῦναι δίκην.

8. VIII 14. 15. [illegible] Pl. [illegible] Demokr. [illegible] Tyrannis [illegible]
(= Kraut-Rö Nr 298: Freiheitsschwindel 562b–563 D – δεσπότης
ὅταν δημοκρατουμένη πόλις ... πλείστη καὶ ἀγριωτάτη.

9. X 7: [illegible] Pl. [illegible] Homer [illegible] οἱ βέλτιστοι ἡμῶν ... ἐπαινοῦντος εἶναι βελτίστου λόγου
bei Nestle p ~~237~~ 241 u. Kürzg [illegible] Auffassung p 300 f
andere Zus. [illegible]: Kr.-Rösch III 278: ab resp 606 E = Preuss II p 25

10. [illegible] Dion Prusa: Hom, [illegible] kgl. Dichter = Preuss I = Kraut-Rösch Nr 282.

s. Plato, Gesetze

Musik u. autoritär repräsentiert.

VII 7 = 797c – 798b. Änderg alt überlieferter Bräuche [illegible] gefährl. Folgen.

v. D. Volkstum. 932, 1030 f. [illegible]

cp 19 = 817a – d: Staat u. trag. Dichtg [illegible] Spiel, [illegible] Opfer.

(cp 20 22 Ls: [illegible] Unkenntnis [illegible], + falsche Anschaug [illegible] Gspr. [illegible], ausflicken.

VIII cp. 1 – 3 (2 – 3 Arb) = 829a – c = 1. Arb. Si vis pacem para bellum, Plato [illegible] Ideal Manöver [illegible].

(2. Arb = 830c d (e+). 3. Arb. Warum fehlt [illegible] cp 3 = 831c –

IX (cp 4 ideale Gesetzgeber } [illegible] Gspr. [illegible]
(5 c. Gerechtigkt } aufgelöst
(6 Zweck d. Strafe [illegible] = 862b(c) d e.
(7: Quellen unserer Fehler:) [illegible]

13 Notwendigkt d. Gesetze = 874e f – 875c (a). cp 17 880e Ls. schwer, [illegible]

X 3 Zweifel [illegible] Existenz d. Götter [illegible] Jugend = 888b – d. [illegible]

4 = 889c – 890a [illegible] Götter (Relig., Sitte Recht) [illegible] Konvention (vóμος) entstanden, [illegible]

(2 Arb. cp 10 f: Theodizee: [illegible] 2. [illegible] Teil: Gsprächs [illegible] 899e – 902 [illegible].

[illegible] cp 10 Ls: [illegible] Göttern Anstoss nehmen. = cp 10 Ls = 899d e

Plato Gesetze. l längere Arb. 2/1

IV 6 Mustersstaat ... Gottheit herrscht mittelst vernünft. Gsetze 713c

=714c. 715a–b

! Zweck d. Staates: bestehende Ordng schützen ?

cp 1 = 704d–705b ... Gründg ... Meer ... wünschenswert.

(707a ?)

(cp 4 = 709 a b. ... Menschl. ... unvollkom ...

aus cp 4: (1. Arb. 709e + 710a (+ b) + c beste Leitg d. 2. besten Staates: Tyr + ...

(Gspr. kürzen) 2. Arb. 710d + 711b–d (712a) ... Tyranis könte ... guter Staat entwor...

(Plato u Dionys!

(cp 8 (7) = 716 c (+ 716a) ? Gott aller Dinge Mass.

(cp 8 = 717 bc. Ehre d. Eltern)

III (8 + 9 tlw = 688 a–c. e (689d) Herrschaft zfällt ... eig. Schuld, ... Mangel. Ein...

(11/12 Staat ... frei, einig, einsichtsvoll (693b. tlw.) d

(cp 12 ... Mischg v. monarch. u. freiheitl. Elementen ...

= 693e. 694–695 zus flicken! ... pers. Gesch. ... 697 cde = 699 = 2

H.a. 15/16 ... polit. Entartg began in d. Kunst.

freie Paraphrase ... Titel: Musik. autoritärer Staat ... Dem Volkstum 1932 1029

V 1 = 726–728c = 2 Arb (od kürzen) d. Seele.

(2 = 729 2 kl. Arb. ... keine Schätze sameln ... Schamgfühl ...

(3 = 731 ... tugendhafte ... Fehler ... leidenschaftl. ... (übs Wilam.)

(5 zu = 732 ... 733. ... schwer: ... Leben einrichten.

cp 4 = 731 ... 732 ... Fehler: Selbstliebe, ...

(742 = cp 12 ... kein Priestman ... Geld bsitzen

cp 12 = 742d–743c Zweck d. Gsetzgebg: ...

schwer, kürzen

VI (aus cp 9 = (761 ... 762) 763 ... : Krypteia. Beskiätris

(cp 19 = 777 bc. Bhdlg d. Sklaven ...

Plato, Gesetze

C. Ritters „Darstellg.“ 1896

Problemen.

Gut geeignet f. läng. Arb (Hod. Kl. Arb).

I [5 ... 4 ... Mecht ... I, 628 cf.

7 Erzieh. ... Tüchtigkeit ... Bestehen ... Lust, ... Genuss.)

12/13 παιδεία = ... Bürgertugend ... Triebe. 643d–644b

14–16 ... Wein-Gelage e Erziehgsmittel, ... Prüfg ... Schamhaftigkeit.

(... (Ritter) ...)

II 5. ... wahre Richter ... Theaters. [Mat. 1930]

... ungerechte Leb. ... unangenehme Leben. 663bc. schwer ...

(668): Beurteilg ... ernsten Kunst ... Darstellg ... Schönen ...

(11/12: Erfordernisse ... Kunst kritikers. ... [melod, ...]

[...]

(1/2 1/3 einfachste Sitten vor ... Sintflut (od. Patriarchal. Leben Zustände) 678e–679d.

(3/4: ... Ackerbau ... Aristokratie od. Monarchie. 680e–681d. ... patriarchal System

4: Städtegründg ... innere Ursachen [...]

(5–9: 8 Herrschaft fällt ... eig. Schuld ... = 688 ... Mangel

: 10/11 ... φρόνησις ... Recht Herrschaft

Mischg v. ... μοναρχία ... δημοκρατία ... Staaten: ... pers. ath.

Gut geeignet f. kürzere Übgs-(od. Kl.) Arb: [... Ludw. ...]

kürzere ... Tapferkeit ... Verteid ... (6: φρόνησις ...) 629c ... 630c

(8 Selbstbeherrschg ... Genuss [... Rausch cp 10. u. II 13: ... spröde ... bildsam.]

= 635c. [631b–e Güter ...] nur zum Lesen!

– II 6 = 661a–c andere Güter ...

... 18 ... Bdingg ... Glücks. [Gesprächs ...]

III 15/16 Die [polit.] Entartg Athens bgann ... Kunst

οὐδὲ οἱ σοὶ φίλοι πρῶτοι καὶ πρῶτον ταύτην δόξαν περὶ θεῶν ἔσχετε, γίγνονται δὲ ἀεὶ πλείους ἢ ἐλάττους τὴν νόσον ἔχοντες· τόδε τοίνυν σοι παραγεγονὼς αὐτῶν πολλοῖσι φράζοιμ' ἄν, τὸ μηδένα πώποτε λαβόντα ἐκ νέου ταύτην τὴν δόξαν περὶ θεῶν, ὡς οὐκ εἰσί, διατελέσαι πρὸς γῆρας μείναντα ἐν ταύτῃ τῇ διανοήσει· τὰ δύο μέντοι πάθη περὶ θεοὺς μεῖναι, πολλοῖσι μὲν οὔ, μεῖναι δὲ οὖν τισί, τὸ τοὺς θεοὺς εἶναι μέν, φροντίζειν δὲ οὐδὲν τῶν ἀνθρωπίνων, καὶ τὸ μετὰ τοῦτο, ὡς φροντίζουσι μέν, εὐπαραμύθητοι δ' εἰσὶ θύμασι καὶ εὐχαῖς. τὸ δὴ σαφὲς ἂν γενόμενόν σοι περὶ αὐτῶν κατὰ δύναμιν δόγμα, ἂν ἐμοὶ πείθῃ, περιμενεῖς ἀνασκοπῶν, εἴτε οὕτως εἴτε ἄλλως ἔχει, πυνθανόμενος παρά τε τῶν ἄλλων καὶ δὴ καὶ μάλιστα καὶ παρὰ τοῦ νομοθέτου· ἐν δὲ δὴ τούτῳ τῷ χρόνῳ μὴ τολμήσῃς περὶ θεοὺς μηδὲν ἀσεβῆσαι. πειρατέον γὰρ τῷ τοὺς νόμους σοι τιθέντι νῦν καὶ εἰς αὖθις διδάσκειν περὶ αὐτῶν τούτων ὡς ἔχει.

10. RECHTSPFLEGE

ΑΘ. Ὁ μὲν ἄδικός που κακός, ὁ δὲ κακὸς ἄκων τοιοῦτος· ἀκουσίως δὲ ἑκούσιον οὐκ ἔχει πράττεσθαί ποτε λόγον· ἄκων οὖν ἐκείνῳ φαίνοιτ' ἂν ἀδικεῖν ὁ ἀδικῶν τῷ τὴν ἀδικίαν ἀκούσιον τιθεμένῳ. καὶ δὴ καὶ νῦν ὁμολογητέον ἐμοί· ξύμφημι γὰρ ἄκοντας ἀδικεῖν πάντας· εἰ καί τις φιλονεικίας ἢ φιλοτιμίας ἕνεκα ἄκοντας μὲν ἀδίκους εἶναι φησίν, ἀδικεῖν μὴν ἑκόντας πολλούς, ὅ γ' ἐμὸς λόγος ἐκεῖνος, ἀλλ' οὐχ οὗτος. τίνα οὖν αὖ τρόπον ἔγωγε ξυμφωνοίην ἂν τοῖς ἐμαυτοῦ λόγοις, εἴ με, ὦ Κλεινία καὶ Μέγιλλε, ἐρωτῷτε· εἰ δὴ ταῦτα οὕτως ἔχοντά

---

7 *πάθος*: **hier Irrlehre** **10** *εὐπαραμύθητός εἰμι*: **ich lasse mich leicht umstimmen** **12** *ἀνασκοπῶν*: **durch wiederholte Prüfung** **20** *τοιοῦτος*: **Grundsatz der sokratischen Sittenlehre, die auch die folgenden Gedanken beherrscht.** *ἀκουσίως...*: **Konstruiere:** *οὐκ ἔχει λόγον ἑκούσιον πράττεσθαι ἀκουσίως* **22** *ἀκούσιον τιθεμένῳ*: **dem, der die Ungerechtigkeit als etwas Unfreiwilliges ansieht** **24** *φιλονεικία*: **Rechthaberei** *φιλοτιμία*: **Eigensinn**

ἔστιν, ὦ ξένε, τι συμβουλεύεις ἡμῖν περὶ τῆς νομοθεσίας τῇ τῶν Μαγνήτων πόλει; πότερον νομοθετεῖν ἢ μή; πῶς γὰρ οὔ; φήσω. διοριεῖς οὖν αὐτοῖς ἀκούσιά τε καὶ ἑκούσια ἀδικήματα, καὶ τῶν μὲν ἑκουσίων ἁμαρτημάτων τε καὶ ἀδικημάτων μείζους τὰς ζημίας θήσομεν, τῶν δ' ἐλάττους; ἢ πάντων ἐξ ἴσης, ὡς οὐκ ὄντων ἀδικημάτων τὸ παράπαν ἑκουσίων; ΚΛ. Ὀρθῶς μέντοι λέγεις, ὦ ξένε· καὶ τούτοις δὴ τί χρησόμεθα τοῖς νῦν λεγομένοις; ΑΘ. Καλῶς ἤρου. — Φέρε δή, βλάβαι μέν, ὡς ἔοικεν, ἀλλήλων τῶν πολιτῶν ἐν ταῖς κοινωνίαις τε καὶ ὁμιλίαις πολλαὶ γίγνονται, καὶ τό γε ἑκούσιόν τε καὶ ἀκούσιον ἐν αὐταῖς ἄφθονόν ἐστίν. ΚΛ. Πῶς γὰρ οὔ;

ΑΘ. Μὴ τοίνυν τις τὰς βλάβας πάσας ἀδικίας τιθεὶς οὕτως οἴηται καὶ τὰ ἄδικα ἐν αὐταῖσι ταύτῃ γίγνεσθαι διπλᾶ, τὰ μὲν ἑκούσια δή, τὰ δ' ἀκούσια· βλάβαι γὰρ ἀκούσιοι τῶν πάντων οὔτ' ἀριθμοῖς οὔτε μεγέθεσιν ἐλάττους εἰσὶ τῶν ἑκουσίων. σκοπεῖσθε δέ, εἴτε τι λέγω λέγων ἃ μέλλω λέγειν, εἴτε καὶ μηδὲν τὸ παράπαν. οὐ γάρ φημι ἔγωγε, ὦ Κλεινία καὶ Μέγιλλε, εἴ τίς τινά τι πημαίνει μὴ βουλόμενος ἀλλ' ἄκων, ἀδικεῖν μέν, ἄκοντα μήν, καὶ ταύτῃ μὲν δὴ νομοθετήσω τοῦτο ὡς ἀκούσιον ἀδίκημα νομοθετῶν, ἀλλ' οὐδὲ ἀδικίαν τὸ παράπαν θήσω τὴν τοιαύτην βλάβην, οὔτε ἂν μείζων οὔτε ἂν ἐλάττων τῳ γίγνηται· πολλάκις δὲ ὠφέλειαν οὐκ ὀρθὴν γενομένην τὸν τῆς ὠφελείας αἴτιον ἀδικεῖν φήσομεν, ἐὰν ἥ γ' ἐμὴ νικᾷ. σχεδὸν γάρ, ὦ φίλοι, οὔτ' εἴ τίς τῳ δίδωσί τι τῶν ὄντων οὔτ' εἰ τοὐναντίον ἀφαιρεῖται, δίκαιον ἁπλῶς ἢ ἄδικον χρὴ τὸ τοιοῦτον οὕτω λέγειν, ἀλλ' ἐὰν ἤθει καὶ δικαίῳ τρόπῳ

---

2 *τῇ τῶν Μαγνήτων πόλει*: **es handelt sich um die auf Kreta zu gründende Stadt (s. S. 2f.)** **3** *διορίζειν*: **abgrenzen, unterscheiden** **12** *ἄφθονος*: **reichlich vorhanden** **14** *ταύτῃ*: **hierin** **25** *ὠφέλειαν— γενομένην*: **Akk. der Beziehung** *οὐκ ὀρθήν*: **Sinn: wenn er nicht mit der Gerechtigkeit übereinstimmt.** **26** *ἡ ἐμή*: **zu ergänzen** *γνώμη* **28** *τοὐναντίον*: **adverbiell: im Gegenteil** *ἁπλῶς*: **schlechtweg** **29** *ἐάν*: **ob** *ἦθος*: **Gesinnung**

χρώμενός τις ὠφελῇ τινά τι καὶ βλάπτῃ, τοῦτό ἐστι τῷ νομοθέτῃ θεατέον, καὶ πρὸς δύο ταῦτα δὴ βλεπτέον, πρός τε ἀδικίαν καὶ βλάβην, καὶ τὸ μὲν ἀβλαβὲς τοῖς νόμοις εἰς τὸ δυνατὸν ποιητέον, τό τε ἀπολόμενον σώζοντα καὶ τὸ πεσὸν ὑπό του πάλιν ἐξορθοῦντα καὶ τὸ θανατωθὲν ἢ τρωθὲν ὑγιές, τὸ δὲ ἀποίνοις ἐξιλασθὲν τοῖς δρῶσι καὶ πάσχουσιν ἑκάστας τῶν βλάψεων ἐκ διαφορᾶς εἰς φιλίαν πειρατέον ἀεὶ καθιστάναι τοῖς νόμοις. ΚΛ. Καλῶς ταῦτά γε. ΑΘ. Τὰς τοίνυν ἀδίκους αὖ βλάβας καὶ κέρδη, ἐάν τις ἀδικῶν τινὰ κερδαίνειν ποιῇ, τούτων ὁπόσα μὲν ἰατά, ὡς οὐσῶν ἐν ψυχῇ νόσων, ἰᾶσθαι· τὸ δὲ τῆς ἰάσεως ἡμῖν τῆς ἀδικίας τῇδε ῥέπειν χρὴ φάναι. ΚΛ. Πῇ; ΑΘ. Ὅπως ὅ τί τις ἂν ἀδικήσῃ μέγα ἢ σμικρόν, ὁ νόμος αὐτὸν διδάξει καὶ ἀναγκάσει τὸ παράπαν εἰς αὖθις τὸ τοιοῦτον ἢ μηδέποτε ἑκόντα τολμῆσαι ποιεῖν ἢ διαφερόντως ἧττον πολύ, πρὸς τῇ τῆς βλάβης ἐκτίσει. ταῦτα εἴτε ἔργοις ἢ λόγοις, ἢ μεθ' ἡδονῶν ἢ λυπῶν, ἢ τιμῶν ἢ ἀτιμιῶν, καὶ χρημάτων ζημίας ἢ καὶ δώρων, ἢ καὶ τὸ παράπαν ᾧτινι τρόπῳ ποιήσει τις μισῆσαι μὲν τὴν ἀδικίαν, στέρξαι δὲ ἢ μὴ μισεῖν τὴν τοῦ δικαίου φύσιν, αὐτό ἐστι τοῦτο ἔργον τῶν καλλίστων νόμων. ὃν δ' ἂν ἀνιάτως εἰς ταῦτα ἔχοντα αἴσθηται νομοθέτης, δίκην τούτοισι καὶ νόμον θήσει τινὰ γιγνώσκων που, τοῖς τοιούτοις πᾶσιν ὡς οὔτε αὐτοῖς ἔτι ζῆν ἄμεινον τούς τε ἄλλους ἂν διπλῇ ὠφε-

---

3 τὸ ἀβλαβὲς ποιεῖν: den Schaden wieder ausgleichen 4 σώζοντα: Akkusativ anakoluthisch verbunden mit vorausgehendem Dativ τῷ νομοθέτῃ 5 τὸ πεσὸν ὑπό του: was von einem zu Fall gebracht ist τὸ θανατωθέν: Tötung 6 τὸ τρωθέν: Verwundung ὑγιές: Zeugma: auf θανατωθέν und τρωθέν zu beziehen. ἄποινα: Schadenersatz ἐξιλασθέν: Wir benutzen die substantivische Ausdrucksweise: Aussöhnung 7 ἐκ διαφορᾶς εἰς φιλίαν: Wir ziehen den konkreten Ausdruck vor: aus Feinden zu Freunden 8 νόμοις: Sinn der Stelle: Der Gesetzgeber muß versuchen, durch Bestimmungen über Schadenersatz die Täter und Geschädigten in jedem Fall von Schaden zu versöhnen und sie durch die Gesetze aus Feinden zu Freunden zu machen. 12 ῥέπειν: ausschlagen (von der Waage); hier: „hinzielen“ 16 πρός m. D.: außer, abgesehen von ἔκτισις: Ersatz 17 μετά: „unter Beihilfe“ 21 ἀνίατος: unheilbar

λοῖεν ἀπαλλαττόμενοι τοῦ βίου, παράδειγμα μὲν τοῦ μὴ ἀδικεῖν τοῖς ἄλλοις γενόμενοι, ποιοῦντες δὲ ἀνδρῶν κακῶν ἔρημον τὴν πόλιν. οὕτω δὴ τῶν τοιούτων πέρι νομοθέτῃ κολαστὴν τῶν ἁμαρτημάτων θάνατον ἀνάγκη νέμειν, ἄλλως δὲ οὐδαμῶς.

11. DICHTUNG

ΑΘ. Φέρε δή, ξυνομολογησώμεθα τὰ νῦν. ἄλλο τι παρ' ὑμῖν ἐν πάσῃ παιδείᾳ καὶ μουσικῇ τὰ λεγόμενά ἐστι τάδε; τοὺς ποιητὰς ἀναγκάζετε λέγειν, ὡς ὁ μὲν ἀγαθὸς ἀνὴρ σώφρων ὢν καὶ δίκαιος, εὐδαίμων ἐστὶ καὶ μακάριος, ἐάν τε μέγας καὶ ἰσχυρὸς ἐάν τε σμικρὸς καὶ ἀσθενὴς ᾖ, καὶ ἐὰν πλουτῇ καὶ μή· ἐὰν δὲ ἄρα πλουτῇ μὲν Κινύρα τε καὶ Μίδα μᾶλλον, ᾖ δὲ ἄδικος, ἄθλιός τ' ἐστὶ καὶ ἀνιαρῶς ζῇ· καὶ „ο ὔ τ' ἂ ν μ ν η σ α ί μ η ν", φησὶν ὑμῖν ὁ ποιητής, εἴπερ ὀρθῶς λέγει, „ο ὔ τ' ἐ ν λ ό γ ῳ ἄ ν δ ρ α τ ι θ ε ί μ η ν", ὃς μὴ πάντα τὰ λεγόμενα καλὰ μετὰ δικαιοσύνης πράττοι καὶ κτῷτο, καὶ δὴ „κ α ὶ δ η ΐ ω ν" τοιοῦτος ὢν „ὀ ρ έ γ ο ι τ' ἐ γ γ ύ θ ε ν ἱ σ τ ά μ ε ν ο ς", ἄδικος δὲ ὢν μήτε τολμῷ „ὁ ρ ῶ ν φ ό ν ο ν α ἱ μ α τ ό ε ν τ α μ ή τ ε ν ι κ ῷ θ έ ω ν Θ ρ η ΐ κ ι ο ν Β ο ρ έ η ν", μήτε ἄλλο αὐτῷ μηδὲν τῶν λεγομένων ἀγαθῶν γίγνοιτό ποτε· τὰ γὰρ ὑπὸ τῶν πολλῶν λεγόμενα ἀγαθὰ οὐκ ὀρθῶς λέγεται. λέγεται γὰρ ὡς ἄριστον μὲν ὑγιαίνειν, δεύτερον δὲ κάλλος, τρίτον δὲ πλοῦτος, μυρία δὲ ἄλλα ἀγαθὰ λέγεται· καὶ γὰρ ὀξὺ ὁρᾶν καὶ ἀκούειν καὶ πάντα, ὅσα ἔχεται τῶν αἰσθήσεων, εὐαισθήτως ἔχειν. ἔτι δὲ καὶ τὸ ποιεῖν τυραννοῦντα ὅ τι ἂν ἐπιθυμῇ, καὶ τὸ δὴ τέλος ἁπάσης μακαριότητος εἶναι τὸ πάντα

---

7 *ξυνομολογεῖσθαι*: sich verständigen *ἄλλο τι*: = *οὐκοῦν* 10 *μακάριος*: hochbegnadet 11 *ἐάν ...*: gleichviel ob ... 13 *Κινύρα τε καὶ Μίδα*: Genetive; Kinyras, sagenhafter reicher König von Cypern; Midas, König von Phrygien 14 *ἀνιαρός*: elend 15 *ποιητής*: Tyrtäus *ἐν λόγῳ τίθεσθαι*: preisen 19 *τολμῷ*: opt.; sustineat 20 *Βορέης*: Boreas, Personifikation des stürmischen Nordwindes. 24 *ὁρᾶν*: erg. *ἀγαθὸν λέγεται* 25 *ἔχεται*: zusammenhängt mit 27 *τέλος*: Gipfel

ταῦτα κεκτημένον ἀθάνατον εἶναι γενόμενον ὅ τι τάχιστα. ὑμεῖς δὲ καὶ ἐγώ που τάδε λέγομεν, ὡς ταῦτά ἐστι ξύμπαντα δικαίοις μὲν καὶ ὁσίοις ἀνδράσιν ἄριστα κτήματα, ἀδίκοις δὲ κάκιστα ξύμπαντα, ἀρξάμενα ἀπὸ τῆς ὑγιείας· καὶ δὴ καὶ τὸ ὁρᾶν καὶ τὸ ἀκούειν καὶ αἰσθάνεσθαι καὶ τὸ παράπαν ζῆν μέγιστον μὲν κακὸν τὸν ξύμπαντα χρόνον ἀθάνατον ὄντα καὶ κεκτημένον πάντα τὰ λεγόμενα ἀγαθὰ πλὴν δικαιοσύνης τε καὶ ἀρετῆς ἁπάσης, ἔλαττον δέ, ἂν ὡς ὀλίγιστον ὁ τοιοῦτος χρόνον ἐπιζῴη. ταῦτα δὴ λέγειν, οἶμαι, τοὺς παρ' ὑμῖν ποιητάς, ἅπερ ἐγώ, πείσετε καὶ ἀναγκάσετε, καὶ ἔτι τούτοις ἑπομένους ῥυθμούς τε καὶ ἁρμονίας ἀποδιδόντας παιδεύειν οὕτω τοὺς νέους ὑμῶν· ἦ γάρ; ὁρᾶτε· ἐγὼ μὲν γὰρ λέγω σαφῶς, τὰ μὲν κακὰ λεγόμενα ἀγαθὰ τοῖς ἀδίκοις εἶναι, τοῖς δὲ δικαίοις κακά, τὰ δ' ἀγαθὰ τοῖς μὲν ἀγαθοῖς ὄντως ἀγαθά, τοῖς δὲ κακοῖς κακά.

Τῶν δὲ σπουδαίων, ὥς φασι, τῶν περὶ τραγῳδίαν ἡμῖν ποιητῶν, ἐάν ποτέ τινες αὐτῶν ἡμᾶς ἐλθόντες ἐπανερωτήσωσιν οὑτωσί πως· ὦ ξένοι, πότερον φοιτῶμεν ὑμῖν εἰς τὴν πόλιν τε καὶ χώραν ἢ μή, καὶ ποίησιν φέρωμέν τε καὶ ἄγωμεν, ἢ πῶς ὑμῖν δέδοκται περὶ τὰ τοιαῦτα δρᾶν; τί οὖν ἂν πρὸς ταῦτα ὀρθῶς ἀποκριναίμεθα τοῖς θείοις ἀνδράσιν; ἐμοὶ μὲν γὰρ δοκεῖ τάδε· ὦ ἄριστοι, φάναι, τῶν ξένων, ἡμεῖς ἐσμὲν τραγῳδίας αὐτοὶ ποιηταὶ κατὰ δύναμιν ὅ τι καλλίστης ἅμα καὶ ἀρίστης· πᾶσα οὖν ἡμῖν ἡ πολιτεία ξυνέστηκε μίμησις τοῦ καλλίστου καὶ ἀρίστου βίου, ὃ δή φαμεν ἡμεῖς γε ὄντως εἶναι τραγῳδίαν τὴν ἀληθεστάτην. ποιηταὶ μὲν οὖν ὑμεῖς, ποιηταὶ δὲ καὶ ἡμεῖς ἐσμὲν τῶν αὐτῶν, ὑμῖν ἀντίτεχνοί τε καὶ ἀνταγωνισταὶ

---

6 τὸ *παράπαν*: überhaupt 8 *ἁπάσης*: Vgl. zum Gedanken Kriton 48 *B* *οὐ τὸ ζῆν περὶ πλείστου ποιητέον, ἀλλὰ τὸ εὖ ζῆν.*; zur Konstruktion: *μέγιστον μὲν κακόν (ἐστι) τὸ ἀθάνατον ὄντα ὁρᾶν ... καὶ ζῆν πλὴν δικαιοσύνης καὶ ἀρετῆς, ἔλαττον δὲ (κακόν), ἂν ...* *ἔλαττον*: sc. *κακόν* 10 *ἅπερ ἐγώ*: zu ergänzen *λέγω* 11 *τούτοις ἑπομένους ῥυθμούς ...*: die diesen Lehren entsprechenden Rhythmen 17 *τῶν*: Gen. abh. von *τινες* 22 *θεῖος*: gottbegeistert 23 *φάναι*: erg. *δοκεῖ μοι* 29 *ἀντίτεχνος*: Nebenbuhler *ἀνταγωνιστής*: Mitbewerber

τοῦ καλλίστου δράματος, ὃ δὴ νόμος ἀληθὴς μόνος ἀποτελεῖν πέφυκεν, ὥς ἡ παρ' ἡμῶν ἐστιν ἐλπίς· μὴ δὴ δόξητε ἡμᾶς ῥαδίως γε οὕτως ὑμᾶς ποτὲ παρ' ἡμῖν ἐάσειν σκηνάς τε πήξαντας κατ' ἀγορὰν καὶ καλλιφώνους ὑποκριτὰς εἰσαγαγομένους, μεῖζον φθεγγομένους ἡμῶν, ἐπιτρέψειν ὑμῖν δημηγορεῖν πρὸς παῖδάς τε καὶ γυναῖκας καὶ τὸν πάντα ὄχλον, τῶν αὐτῶν λέγοντας ἐπιτηδευμάτων πέρι μὴ τὰ αὐτὰ ἅπερ ἡμεῖς, ἀλλ' ὡς τὸ πολὺ καὶ ἐναντία τὰ πλεῖστα. σχεδὸν γάρ τοι κἂν μαινοίμεθα τελέως ἡμεῖς τε καὶ ἅπασα ἡ πόλις, ἥτις οὖν ὑμῖν ἐπιτρέποι δρᾶν τὰ νῦν λεγόμενα, πρὶν κρῖναι τὰς ἀρχάς, εἴτε ῥητὰ καὶ ἐπιτήδεια πεποιήκατε λέγειν εἰς τὸ μέσον εἴτε μή· νῦν οὖν, ὦ παῖδες μαλακῶν Μουσῶν ἔκγονοι, ἐπιδείξαντες τοῖς ἄρχουσι πρῶτον τὰς ὑμετέρας παρὰ τὰς ἡμετέρας ᾠδάς, ἂν μὲν τὰ αὐτά γε ἢ καὶ βελτίω τὰ παρ' ὑμῶν φαίνηται λεγόμενα, δώσομεν ὑμῖν χορόν, εἰ δὲ μή, ὦ φίλοι, οὐκ ἄν ποτε δυναίμεθα.

12. ERZIEHUNG UND UNTERRICHT

ΑΘ. Λέγω δή, καί φημι τὸν ὁτιοῦν ἀγαθὸν ἄνδρα μέλλοντα ἔσεσθαι τοῦτο αὐτὸ ἐκ παίδων εὐθὺς μελετᾶν δεῖν παίζοντά τε καὶ σπουδάζοντα ἐν τοῖς τοῦ πράγματος ἑκάστοις προσήκουσιν. οἷον τὸν μέλλοντα ἀγαθὸν ἔσεσθαι γεωργὸν ἤ τινα οἰκοδόμον, τὸν μὲν οἰκοδομοῦντά τι τῶν παιδείων οἰκοδομημάτων παίζειν χρή, τὸν δ' αὖ γεωργοῦντα, καὶ ὄργανα ἑκατέρῳ σμικρά, τῶν ἀληθινῶν μιμήματα, παρασκευάζειν τὸν τρέφοντα αὐτῶν ἑκάτερον· καὶ δὴ καὶ τῶν μαθημάτων ὅσα ἀναγκαῖα προμεμαθηκέναι προμανθάνειν, οἷον τέκτονα μετρεῖν ἢ

4 πήγνυμι: hier „aufschlagen“ 5 ἐπιτρέπειν: aus dem vorigen zu erg.: μὴ δόξητε 7 λέγοντας: Akk. anakoluthisch auf ὑμῖν folgend. 8 καί: sogar 11 ῥητά: sagbar, so daß es sich hören lassen kann. 13 μαλακός: weichlich, verführerisch 14 παρά: neben, d. h. im Vergleich zu 16 δώσ. ὑ. χορόν: Sinn: wir wollen euch die Aufführung gestatten. 19 ὁτιοῦν: in irgendeinem Fach 21/22 ἐν—προσήκουσιν: ἐν τούτοις, ἃ τοῦ πράγματος ἑκάστοις (masc.) προσήκει. οἷον: z. B. 25 γεωργοῦντα: erg. χρὴ τῶν γεωργικῶν τι παίζειν ὄργανον: Werkzeug

σταθμᾶσθαι καὶ πολεμικὸν ἱππεύειν παίζοντα ἤ τι τῶν τοιούτων ἄλλο καὶ πειρᾶσθαι διὰ τῶν παιδιῶν ἐκεῖσε τρέπειν τὰς ἡδονὰς καὶ ἐπιθυμίας τῶν παίδων, οἷ ἀφικομένους αὐτοὺς δεῖ τέλος ἔχειν. κεφάλαιον δὴ παιδείας λέγομεν τὴν ὀρθὴν τροφήν, ἣ τοῦ παίζοντος τὴν ψυχὴν εἰς ἔρωτα μάλιστα ἄξει τούτου, ὃ δεήσει γενόμενον ἄνδρ᾽ αὐτὸν τέλειον εἶναι τῆς τοῦ πράγματος ἀρετῆς·

... Λοιπὸς δὲ ἄρχων ὁ τῆς παιδείας ἐπιμελητὴς πάσης θηλειῶν τε καὶ ἀῤῥένων. εἷς μὲν δὴ καὶ ὁ τούτων ἄρξων ἔστω κατὰ νόμους, ἐτῶν μὲν γεγονὼς μὴ ἔλαττον ἢ πεντήκοντα, παίδων δὲ γνησίων πατὴρ μάλιστα μὲν υἱέων καὶ θυγατέρων, εἰ δὲ μή, θάτερα· διανοηθήτω δὲ αὐτός τε ὁ προκριθεὶς καὶ ὁ προκρίνων ὡς οὖσαν ταύτην τὴν ἀρχὴν τῶν ἐν τῇ πόλει ἀκροτάτων ἀρχῶν πολὺ μεγίστην. παντὸς γὰρ δὴ φυτοῦ ἡ πρώτη βλάστη καλῶς ὁρμηθεῖσα πρὸς ἀρετὴν τῆς αὐτοῦ φύσεως κυριωτάτη τέλος ἐπιθεῖναι τὸ πρόσφορον, τῶν τε ἄλλων φυτῶν καὶ τῶν ζώων ἡμέρων καὶ ἀγρίων καὶ ἀνθρώπων· ἄνθρωπος δέ, ὥς φαμεν, ἥμερον, ὅμως μὴν παιδείας μὲν ὀρθῆς τυχὸν καὶ φύσεως εὐτυχοῦς θειότατον ἡμερώτατόν τε ζῷον γίγνεσθαι φιλεῖ, μὴ ἱκανῶς δὲ ἢ μὴ καλῶς τραφὲν ἀγριώτατον ὁπόσα φύει γῆ. ὧν ἕνεκα οὐ δεύτερον οὐδὲ πάρεργον δεῖ τὴν παίδων τροφὴν τὸν νομοθέτην ἐᾶν γίγνεσθαι· πρῶτον δὲ χρεὼν τὸν μέλλοντα αὐτῶν ἐπιμελήσεσθαι καλῶς αἱρεθῆναι τῶν ἐν τῇ πόλει,

---

1 *σταθμᾶσθαι*: das Richtscheit gebrauchen 4 *τέλος ἔχειν*: ihr Ziel erreichen *κεφάλαιον*: Hauptsache 5 *τροφή*: Führung 6 *ὅ*: worin 7 *τέλειος*: „Meister“ *πράγμα*: Fach *ἀρετή*: höchste Leistung 11 *γνήσιος*: rechtmäßig 13 *προκρίνειν*: wählen 15 *φυτόν*: hier: alles, was aus einem Keim hervorwächst; später speziell: Pflanze *ἡ βλάστη*: Keim 17 *κύριος*: entscheidend 20 *τυχόν*: Partizipium aufzulösen: nur dann, wenn er *φύσις*: Naturanlage 21 *φιλεῖν*: pflegen 22 *ἀγριώτατον*: zu ergänzen *γίγνεσθαι φιλεῖ* 23 *πάρεργον*: Nebensache 24 *χρεών*: zu ergänzen: *τὸν νομοθέτην*; Sinn der Stelle: Zuerst (*χρεών* [*τὸν νομοθέτην*]) muß der Gesetzgeber es als seine Pflicht betrachten, daß der, der für das [Erziehungswesen] sorgen soll, richtig (*καλῶς*) ausgewählt wird, indem er (der Gesetzgeber) den besten aus der Stadt als *προστάτης* und *ἐπιμελετής* für die Jugend (*αὐτοῖς*) einsetzt (*καθιστάντα*).

ὃς ἂν ἄριστος εἰς πάντα ᾖ, τοῦτον κατὰ δύναμιν ὅ τι μάλιστα αὐτοῖς καθιστάντα προστάτην καὶ ἐπιμελητήν. αἱ πᾶσαι τοίνυν ἀρχαὶ πλὴν βουλῆς καὶ πρυτάνεων εἰς τὸ τοῦ Ἀπόλλωνος ἱερὸν ἐλθοῦσαι φερόντων ψῆφον κρύβδην, τῶν νομοφυλάκων ὅντιν' ἂν ἕκαστος ἡγῆται κάλλιστ' ἂν τῶν περὶ παιδείαν ἄρξαι γενομένων· ᾧ δ' ἂν πλεῖσται ψῆφοι ξυμβῶσι, δοκιμασθεὶς ὑπὸ τῶν ἄλλων ἀρχόντων τῶν ἑλομένων, πλὴν νομοφυλάκων, ἀρχέτω ἔτη πέντε, ἕκτῳ δὲ κατὰ ταὐτὰ ἄλλον ἐπὶ ταύτην τὴν ἀρχὴν αἱρεῖσθαι.

... Εἰς μὲν γράμματα παιδὶ δεκετεῖ σχεδὸν ἐνιαυτοὶ τρεῖς, λύρας δὲ ἅψασθαι τρία μὲν ἔτη καὶ δέκα γεγονόσιν ἄρχεσθαι μέτριος ὁ χρόνος, ἐμμεῖναι δὲ ἕτερα τρία. καὶ μήτε πλείω τούτων μήτ' ἐλάττω πατρὶ μηδ' αὐτῷ, φιλομαθοῦντι μηδὲ μισοῦντι, περὶ ταῦτα ἐξέστω μείζω μηδ' ἐλάττω διατριβὴν ποιεῖσθαι παράνομον· ὁ δὲ μὴ πειθόμενος ἄτιμος τῶν παιδείων ἔστω τιμῶν. μανθάνειν δὲ ἐν τούτοις τοῖς χρόνοις δὴ τί ποτε δεῖ τοὺς νέους καὶ διδάσκειν αὖ τοὺς διδασκάλους, τοῦτο αὐτὸ πρῶτον μάνθανε. γράμματα μὲν τοίνυν χρὴ τὸ μέχρι τοῦ γράψαι τε καὶ ἀναγνῶναι δυνατὸν εἶναι διαπονεῖν· πρὸς τάχος δὲ ἢ κάλλος ἀπηκριβῶσθαί τισιν, οἷς μὴ φύσις ἐπέσπευσεν ἐν τοῖς τεταγμένοις ἔτεσι, χαίρειν ἐᾶν. πρὸς δὲ δὴ μαθήματα ἄλυρα ποιητῶν κείμενα ἐν γράμμασι, τοῖς μὲν μετὰ

---

7 *δοκιμάζειν*: behördlich prüfen **8** *ἑλομένων*: von *αἱρεῖσθαι* **11** *σχεδόν*: etwa *ἐνιαυτοὶ τρεῖς*: zu erg. *μέτριος* (richtig) *ὁ χρόνος* **13** *ἐμμεῖναι*: Inf. abhängig von zu ergänzendem *δεῖ*. **15** *αὐτῷ*: dem Zögling selbst *φιλομαθοῦντι μηδὲ μισοῦντι*: je nach seiner Lernbegier oder seinem Widerwillen **16** *μείζω μηδ' ἐλάττω*: nehmen das *πλείω* und *ἐλάττω* des Satzanfangs wieder auf. **17** *ἄτιμος—τιμῶν*: expers puerilium honorum esto **20** *γράμματα—διαπονεῖν*: Konstr.: *χρὴ διαπονεῖν τὸ δύνατον εἶναι γράμματα* (Akk. der Bez.) *μέχρι τοῦ γράψαι τε καὶ ἀναγνῶναι.* **23** *ἐᾶν*: Sinn der Stelle: Was Schnelligkeit und Schönheit (der Schrift) anlangt (*πρός*), so soll (zu erg. *δεῖ*) man auf Meisterschaft (*ἀπηκριβῶσθαι*) bei einigen (*τισιν*), bei denen die Anlage sich nicht in den vorgeschriebenen Jahren schnell genug entwickelte (*ἐπέσπευσεν*), verzichten (*χαίρειν ἐᾶν*). *μαθήματα*: Lesestoff **24** *ἄλυρος*: nicht für musikalische Begleitung bestimmt *ποιητῶν*: von *μαθήματα* abhängig μέτρων, τοῖς δ᾽ ἄνευ ῥυθμῶν τμημάτων, ἃ δὴ συγγράμματα κατὰ λόγον εἰρημένα μόνον, τητώμενα ῥυθμοῦ τε καὶ ἁρμονίας, σφαλερὰ γράμμαθ᾽ ἡμῖν ἐστι παρά τινων τῶν πολλῶν τοιούτων ἀνθρώπων καταλελειμμένα· οἷς, ὦ πάντων βέλτιστοι νομοφύλακες, τί χρήσεσθε; ἢ τί ποθ᾽ ὑμῖν ὁ νομοθέτης χρῆσθαι προστάξας ὀρθῶς ἂν τάξειε; καὶ μάλα ἀπορήσειν αὐτὸν προσδοκῶ.

. . . ΑΘ. Λέγω μήν, ὅτι ποιηταί τε ἡμῖν εἰσί τινες ἐπῶν ἑξαμέτρων πάμπολλοι καὶ τριμέτρων καὶ πάντων δὴ τῶν λεγομένων μέτρων, οἱ μὲν ἐπὶ σπουδήν, οἱ δ᾽ ἐπὶ γέλωτα ὡρμηκότες, ἐν οἷς φασὶ δεῖν οἱ πολλάκις μυρίοι τοὺς ὀρθῶς παιδευμένους τῶν νέων τρέφειν καὶ διακορεῖς ποιεῖν, πολυηκόους τ᾽ ἐν ταῖς ἀναγνώσεσι ποιοῦντας καὶ πολυμαθεῖς, ὅλους ποιητὰς ἐκμανθάνοντας· οἱ δὲ ἐκ πάντων κεφάλαια ἐκλέξαντες καί τινας ὅλας ῥήσεις εἰς ταὐτὸ ξυναγαγόντες ἐκμανθάνειν φασὶ δεῖν εἰς μνήμην τιθεμένους, εἰ μέλλει τις ἀγαθὸς ἡμῖν καὶ σοφὸς ἐκ πολυπειρίας καὶ πολυμαθίας γενέσθαι. τούτοις δὴ σὺ κελεύεις ἐμὲ τὰ νῦν παῤῥησιαζόμενον ἀποφαίνεσθαι, τί τε καλῶς λέγουσι καὶ τί μή; ΚΛ. Πῶς γὰρ οὔ;

ΑΘ. Τί δή ποτ᾽ ἂν οὖν περὶ ἁπάντων τούτων ἑνὶ λόγῳ φράζων εἴποιμ᾽ ἂν ἱκανόν; οἶμαι μὲν τὸ τοιόνδε σχεδόν, ὃ καὶ πᾶς ἄν μοι συγχωρήσειε, πολλὰ μὲν ἕκαστον τούτων εἰρηκέναι καλῶς, πολλὰ δὲ καὶ τοὐναντίον· εἰ δ᾽ οὕτω τοῦτ᾽ ἔχει, κίνδυνόν φημι εἶναι φέρουσαν τοῖς παισὶ τὴν πολυμαθίαν. ΚΛ. Πῶς οὖν καὶ τί παραινοίης ἂν τῷ νομοφύλακι; ΑΘ. Τοῦ πέρι λέγεις; ΚΛ. Τοῦ πρὸς τί παράδειγμά ποτε ἀποβλέψας ἂν τὸ μὲν ἐῷ πάντας μανθάνειν τοὺς νέους, τὸ δ᾽ ἀποκωλύοι. λέγε καὶ μηδὲν ἀπόκνει

---

1 *τμῆμα*: Einschnitt, Gliederung 1/2 *συγγράμματα κατὰ λόγον εἰρημένα*: Prosaschriften 2 *τητᾶν*: berauben 3 *σφαλερός*: bedenklich 12 *διακορής*: gesättigt 13 *πολυήκοος*: häufiger Zuhörer 15 *κεφάλαιον*: Hauptstück 16 *ταὐτό*: in eine Anthologie 17/18 *πολυπειρία*: reiche Erfahrung 23 *τούτων*: *τῶν ποιητῶν* 26 *πολυμαθίαν*: Konstruiere: *φημὶ τὴν πολυμαθίαν εἶναι φέρουσαν* (sei so, daß sie bringt) *τοῖς παισὶ κίνδυνον.* 27 *Τοῦ*: nimmt das *τοῦ* (*τίνος*) der Frage demonstrativ auf; übersetze: „in der Beziehung“

λέγων. ΑΘ. Ὦ 'γαθὲ Κλεινία, κινδυνεύω κατά γέ τινα τρόπον εὐτυχηκέναι. ΚΛ. Τοῦ δὴ πέρι; ΑΘ. Τοῦ μὴ παντάπασι παραδείγματος ἀπορεῖν. νῦν γὰρ ἀποβλέψας πρὸς τοὺς λόγους, οὓς ἐξ ἕω μέχρι δεῦρο δὴ διεληλύθαμεν ἡμεῖς, ὡς μὲν ἐμοὶ φαινόμεθα, οὐκ ἄνευ τινὸς ἐπιπνοίας θεῶν, ἔδοξαν δ' οὖν μοι παντάπασι ποιήσει τινὶ προσομοίως εἰρῆσθαι· καί μοι ἴσως οὐδὲν θαυμαστὸν πάθος ἐπῆλθε, λόγους οἰκείους οἷον ἀθρόους ἐπιβλέψαντι μάλα ἡσθῆναι· τῶν γὰρ δὴ πλείστων λόγων, οὓς ἐν ποιήμασιν ἢ χύδην οὕτως εἰρημένους μεμάθηκα καὶ ἀκήκοα, πάντων μοι μετριώτατοί γε εἶναι κατεφάνησαν καὶ προσήκοντες τὰ μάλιστα ἀκούειν νέοις. τῷ δὴ νομοφύλακί τε καὶ παιδευτῇ παράδειγμα οὐκ ἂν ἔχοιμι, ὡς οἶμαι, τούτου βέλτιον φράζειν, ἢ ταῦτα τε διδάσκειν παρακελεύεσθαι τοῖσι διδασκάλοις τοὺς παῖδας τά τε τούτων ἐχόμενα καὶ ὅμοια, ἂν ἄρα που περιτυγχάνῃ ποιητῶν τε ποιήματα διεξιὼν καὶ γεγραμμένα καταλογάδην ἢ καὶ ψιλῶς οὕτως ἄνευ τοῦ γεγράφθαι λεγόμενα, ἀδελφά που τούτων τῶν λόγων, μὴ μεθιέναι τρόπῳ μηδενί, γράφεσθαι δέ· καὶ πρῶτον μὲν τοὺς διδασκάλους αὐτοὺς ἀναγκάζειν μανθάνειν καὶ ἐπαινεῖν, οὓς δ' ἂν μὴ ἀρέσκῃ τῶν διδασκάλων, μὴ χρῆσθαι τούτοις συνεργοῖς, οὓς δ' ἂν τῷ ἐπαίνῳ συμψήφους ἔχῃ, τούτοις χρώμενον τοὺς νέους αὐτοῖς παραδιδόναι διδάσκειν τε καὶ παιδεύειν. οὗτός μοι μῦθος ἐν-

5 *ἐπιπνοία*: Anhauch 6 *ἔδοξαν*: Anakoluth: nach *ἀποβλέψας* müßte es heißen *οἴομαι τοὺς λόγους εἰρῆσθαι*. Dafür läßt Platon *λόγοι* Subjekt werden. *ποιήσει τινι*: abhängig von *προσομοίως* 8 *ἀθρόους ἐπιβλέψαντι*: in einem Gesamtbild überschaut; der Dativ bezieht sich auf das vorhergehende *μοι*; anakoluthisch dazu ist *ἡσθῆναι* gesetzt. 9 *τῶν*: zu übersetzen: „im Vergleich zu . . .“ 10 *χύδην*: in Prosa 13 *παράδειγμα*: vorbildlicher Lehrstoff 14 *ἢ ταῦτα*: bezieht sich erklärend auf *τούτου* zurück, indem es den genetivus comparationis in eine Konstruktion mit *ἤ* umwandelt. 16 *περιτυγχάνῃ*: sc. der Lehrer; Singularis nach dem vorherrschenden Plural *διδασκάλοις*. 17 *καταλογάδην*: in Prosa *ψιλός*: bloß 18 *ἀδελφά που τούτων τῶν λόγων*: = von gleichem (geistigen) Gepräge wie diese Reden 19 *μεθιέναι*: sich entgehen lassen 21 *ἐπαινεῖν*: loben, sich befreunden *οὕς*: anstatt *οἷς*, wie oft bei Platon (vgl. S. 3, 2) aufgenommen durch *τούτοις* 22 *συνεργός*: collega *τῷ ἐπαίνῳ συμψήφους*: Dat. abhängig von *σύν* in *συμψήφους*; Sinn: die seine Ansicht über das, was lobenswert ist, teilen.

ταῦθα καὶ οὕτω τελευτάτω, περὶ γραμματιστῶν τε εἰρημένος ἅμα καὶ γραμμάτων.

IV. AUSWAHL DER STAATSLENKER

13. AUSBILDUNG DER WÄCHTER

ΑΘ. Ἀναγκαστέον ἄρ', ὡς ἔοικε, καὶ τοὺς τῆς θείας πολιτείας ἡμῖν φύλακας ἀκριβῶς ἰδεῖν πρῶτον, ὅ τί ποτε διὰ πάντων τῶν τεττάρων ταὐτὸν τυγχάνει, ὃ δή φαμεν ἔν τε ἀνδρείᾳ καὶ σωφροσύνῃ καὶ δικαιοσύνῃ καὶ ἐν φρονήσει ἓν ὂν ἀρετὴν ἑνὶ δικαίως ἂν ὀνόματι προσαγορεύεσθαι. τοῦτο, ὦ φίλοι, εἰ μὲν βουλόμεθα, τὰ νῦν οἷόνπερ σφόδρα πιέσαντες μὴ ἀνῶμεν, πρὶν ἂν ἱκανῶς εἴπωμεν, τί ποτ' ἔστιν εἰς ὃ βλεπτέον, εἴτε ὡς ἓν εἴτε ὡς ὅλον εἴτε ἀμφότερα εἴτε ὅπως ποτὲ πέφυκεν· ἢ τούτου διαφυγόντος ἡμᾶς οἰόμεθά ποτε ἡμῖν ἱκανῶς ἕξειν τὰ πρὸς ἀρετήν, περὶ ἧς οὔτε εἰ πολλά ἐστ' οὔτ' εἰ τέτταρα οὔθ' ὡς ἓν δυνατοὶ φράζειν ἐσόμεθα; οὐκοῦν ἐάν γε ἡμῖν ξυμβούλοις πειθώμεθα, ἁμῶς γέ πως μηχανησόμεθα ἐν τῇ πόλει ἐγγεγονέναι τοῦθ' ἡμῖν· εἰ δ' ἄρα τὸ παράπαν δοκεῖ ἐᾶν, δρᾶν χρεών. ΚΛ. Ἥκιστα, νὴ τὸν ξένιον, ὦ ξένε, θεόν, ἐατέον που τὸ τοιοῦτον, ἐπεὶ δοκεῖς ἡμῖν ὀρθότατα λέγειν. ἀλλὰ δὴ πῶς τις τοῦτ' ἂν μηχανῷτο; ΑΘ. Μήπω τὸ πῶς ἂν μηχανησαίμεθα λέγωμεν· εἰ δεῖ δὲ ἢ μή, πρῶτον βεβαιωσώμεθα τῇ ξυνομολογίᾳ πρὸς ἡμᾶς αὐτούς. ΚΛ. Ἀλλὰ μὴν δεῖ γε, εἴπερ δυνατόν. ΑΘ. Τί δαὶ δή; περὶ καλοῦ τε καὶ ἀγαθοῦ ταὐτὸν τοῦτο διανοούμεθα; ὡς πόλλ' ἔστι μόνον ἕκαστον τούτων, τοὺς φύλακας ἡμῖν γνωστέον, ἢ καὶ ὅπως ἕν τε καὶ ὅπῃ;

---

1 *γραμματιστής*: Elementarlehrer 7 *διὰ πάντων ... ταὐτόν*: das alle vier (Tugenden) durchdringende Gleiche (*ταὐτόν*) 9 *ἄν*: gehört zu *προσαγορεύεσθαι* (Potentialis) 11 *πιέζω*: pressen; Bild vom Ringkampf: umklammern *ἀνῶμεν*: von *ἀνιέναι* loslassen 13 *τούτου*: diese [Erkenntnis] 15 *ἀρετήν*: Konstr.: *οἰόμεθα τὰ πρὸς ἀρετὴν* (das, was zum Begriff der Tugend gehört) *ἡμῖν ἱκανῶς ἕξειν* (uns genügen wird) 17 *ἁμῶς γέ πως*; auf irgend eine Weise 18 *ἐγγίγνεσθαι*: heimisch werden 20 *θεόν*: Zeus, der gastliche 27 *τοὺς φύλακας ἡμῖν γνωστέον;*: = *δεῖ τοὺς φύλακας γιγνώσκειν*; *ὅπως ἕν τε καὶ ὅπῃ*: = *ὅπως τε ἓν καὶ ὅπῃ ἕν*; *ὅπως* und *ὅπῃ* bedeuten dasselbe und werden oft bei Platon entsprechend unseres Ausdrucks „Art und Weise" gebraucht. Zu ergänzen ist *τὸ καλὸν καὶ τὸ ἀγαθόν ἐστιν*.

ΚΛ. Σχεδὸν ἔοικ' ἐξ ἀνάγκης δεῖν καὶ ὅπως ἓν διανοεῖσθαι. ΑΘ. Τί δ', ἐννοεῖν μέν, τὴν δὲ ἔνδειξιν τῷ λόγῳ ἀδυνατεῖν ἐνδείκνυσθαι; ΚΛ. Καὶ πῶς; ἀνδραπόδου γάρ τινα σὺ λέγεις ἕξιν. ΑΘ. Τί δαί; περὶ πάντων τῶν σπουδαίων ἆρ' ἡμῖν ὁ αὐτὸς λόγος, ὅτι δεῖ τοὺς ὄντως φύλακας ἐσομένους τῶν νόμων ὄντως εἰδέναι τὰ περὶ τὴν ἀλήθειαν αὐτῶν, καὶ λόγῳ τε ἱκανοὺς ἑρμηνεύειν εἶναι καὶ τοῖς ἔργοις ξυνακολουθεῖν, κρίνοντας τά τε καλῶς γιγνόμενα καὶ τὰ μὴ κατὰ φύσιν;

ΚΛ. Πῶς γὰρ οὔ; ΑΘ. Μῶν οὖν οὐχ ἓν τῶν καλλίστων ἐστὶ τὸ περὶ τοὺς θεούς, ὡς εἰσί τε καὶ ὅσης φαίνονται κύριοι δυνάμεως, εἰδέναι τε εἰς ὅσον δυνατόν ἐστι ταῦτ' ἄνθρωπον γιγνώσκειν, καὶ τοῖς μὲν πλείστοις τῶν κατὰ πόλιν ξυγγιγνώσκειν τῇ φήμῃ μόνον τῶν νόμων συνακολουθοῦσι, τοῖς δὲ φυλακῆς μεθέξουσι μηδὲ ἐπιτρέπειν, ὃς ἂν μὴ διαπονήσηται τὸ πᾶσαν πίστιν λαβεῖν τῶν οὐσῶν περὶ θεῶν; τὴν δὲ μὴ ἐπιτροπὴν εἶναι τὸ μηδέποτε τῶν νομοφυλάκων αἱρεῖσθαι τὸν μὴ θεῖον καὶ διαπεπονηκότα πρὸς αὐτά, μηδ' αὖ τῶν πρὸς ἀρετὴν ἐγκρίτων γίγνεσθαι; ΚΛ. Δίκαιον γοῦν, ὡς λέγεις, τὸν περὶ τὰ τοιαῦτα ἀργὸν ἢ ἀδύνατον ἀποκρίνεσθαι πόῤῥω τῶν καλῶν. ΑΘ. Ἆρα οὖν ἴσμεν ὅτι δύ' ἐστὸν τὼ περὶ θεῶν ἄγοντε εἰς πίστιν, ὅσα διήλθομεν ἐν τοῖς πρόσθεν; ΚΛ. Ποῖα; ΑΘ. Ἓν μὲν ὃ περὶ τὴν ψυχὴν ἐλέγομεν, ὡς πρεσβύτατόν τε καὶ θειότατόν ἐστι πάντων, ὧν κίνησις γένεσιν παραλαβοῦσα ἀέναον οὐσίαν ἐπόρισεν· ἓν δὲ τὸ περὶ τὴν φοράν, ὡς ἔχει

---

1 ἐξ ἀνάγκης: = ἀναγκαῖον ὅπως ἕν: wieder heißt der Satz vollständig ὅπως τὸ καλὸν καὶ τὸ ἀγαθὸν ἕν ἐστι. 2 ἐννοεῖν: zu ergänzen δεῖν ἔοικε 4 ἕξις: Zustand, Standpunkt σπουδαίων: Neutrum 7 αὐτῶν: τῶν νόμων ἑρμηνεύειν: erläutern 8 ξυνακολουθεῖν: „bekräftigen“ 9 κατὰ φύσιν: gehört zu beiden von κρίνοντας abhängigen Objekten. 14 συγγιγνώσκειν: προσήκει etwa ist aus dem vorausgehenden ἓν τῶν καλλίστων zu ergänzen 15 ἐπιτρέπειν: erg. τοῦτο, näml. das Wächteramt 16 οὐσῶν: erg. πίστεων 17 τὴν δὲ μὴ ἐπιτροπήν: = τὸ δὲ μὴ ἐπιτρέπειν εἶναι: darin bestehen 18 νομοφυλάκων: abhängig vom folgenden τόν θεῖος: von Gott erfüllt 20 Δίκαιον: sc. ἐστί 21 ἀποκρίνεσθαι absondern, hier Passivum 26 ἀέναος: ewig fließend; zu οὐσίαν (Sein) gehörig ἓν δέ: = das andere

τάξεως, ἄστρων τε καὶ ὅσων ἄλλων ἐγκρατὴς νοῦς ἐστὶ τὸ πᾶν διακεκοσμηκώς. ὁ γὰρ ἰδὼν ταῦτα μὴ φαύλως μηδ᾽ ἰδιωτικῶς, οὐδεὶς οὕτως ἄθεος ἀνθρώπων ποτὲ πέφυκεν, ὃς οὐ τοὐναντίον ἔπαθεν ἢ τὸ προσδοκώμενον ὑπὸ τῶν πολλῶν. οἱ μὲν γὰρ διανοοῦνται τοὺς τὰ τοιαῦτα μεταχειρισαμένους ἀστρονομίᾳ τε καὶ ταῖς μετὰ ταύτης ἀναγκαίαις ἄλλαις τέχναις ἀθέους γίγνεσθαι, καθεωρακότας, ὡς οἴονται, γιγνόμενα ἀνάγκαις πράγματ᾽ ἀλλ᾽ οὐ διανοίαις βουλήσεως ἀγαθῶν πέρι τελουμένων. ΚΛ. Τὸ δὲ δὴ πῶς ἔχον ἂν εἴη; ΑΘ. Πᾶν, ὅπερ εἶπον, τοὐναντίον ἔχει νῦν τε καὶ ὅτε ἄψυχα αὐτὰ οἱ διανοούμενοι διενοοῦντο. θαύματα μὲν οὖν καὶ τότε ὑπεδύετο περὶ αὐτά, καὶ ὑπωπτεύετο τὸ νῦν ὄντως δεδογμένον, ὅσοι τῆς ἀκριβείας αὐτῶν ἥπτοντο, ὅπως μήποτ᾽ ἂν ἄψυχα ὄντα οὕτως εἰς ἀκρίβειαν θαυμαστοῖς λογισμοῖς ἂν ἐχρῆτο, νοῦν μὴ κεκτημένα· καί τινες ἐτόλμων τοῦτό γε αὐτὸ παρακινδυνεύειν καὶ τότε, λέγοντες ὡς νοῦς εἴη ὁ διακεκοσμηκὼς πάνθ᾽ ὅσα κατ᾽ οὐρανόν. οἱ δὲ αὐτοὶ πάλιν ἁμαρτάνοντες ψυχῆς φύσεως, ὅτι πρεσβύτερον εἴη σωμάτων, διανοηθέντες δὲ ὡς νεώτερον, ἅπανθ᾽ ὡς εἰπεῖν ἔπος ἀνέτρεψαν πάλιν, ἑαυτοὺς δὲ πολὺ μᾶλλον· τὰ γὰρ δὴ πρὸ τῶν ὀμμάτων πάντα αὐτοῖς ἐφάνη, τὰ κατ᾽ οὐρανὸν φερόμενα, μεστὰ εἶναι λίθων καὶ γῆς καὶ πολλῶν ἄλλων ἀψύχων σωμάτων διανεμόντων τὰς αἰτίας παντὸς τοῦ κόσμου. ταῦτ᾽ ἦν τὰ τότε ἐξειργασμένα πολλὰς ἀθεότητας καὶ δυσχερείας τῶν τοιούτων ἅπτεσθαι, καὶ δὴ καὶ λοιδορήσεις γε ἐπῆλθον ποιηταῖς, τοὺς φιλοσοφοῦντας κυσὶ ματαίαις ἀπεικάζοντας χρωμέναισιν ὑλα-

---

7 ἀναγκαῖος: streng verbunden τέχναι: Wissenschaften 8 ἀνάγκη: blinde Notwendigkeit 9 διανοία βουλήσεως: Wille, der mit Vernunft verbunden ist. 11 ἄψυχα: Anspielung auf die materialistische Philosophie 13 νῦν ὄντως δεδογμένον: was jetzt ausgemacht gilt: nämlich daß Gott existiere. 14 ἀκριβείας αὐτῶν: die unfehlbare Sicherheit derselben (der Gestirne) ὅπως: wie 15 λογισμοί: berechenbare Genauigkeit 16 κεκτημένα: nimmt ἄψυχα wieder auf 17 νοῦς: Lehre des Anaxagoras 26 δυσχέρεια: Abneigung 28 μάταιος: zwecklos (hier des Bildes wegen: zwecklos kläffend) ἀπεικάζοντας: Anakoluth anstelle des zu erwartenden, auf ποιηταῖς zu beziehenden Dativs.

καῖς ἄλλα τε ἀνόητα εἰπεῖν· νῦν δέ, ὅπερ εἴρηται, πᾶν τοὐναντίον ἔχει. ΚΛ. Πῶς; ΑΘ. Οὐκ ἔστι ποτὲ γενέσθαι βεβαίως θεοσεβῆ θνητῶν ἀνθρώπων οὐδένα, ὃς ἂν μὴ τὰ λεγόμενα ταῦτα νῦν δύο λάβῃ, ψυχή τε ὡς ἔστι πρεσβύτατον ἁπάντων ὅσα γονῆς μετείληφεν ἀθάνατόν τε ἄρχει τε δὴ σωμάτων πάντων, ἐπὶ δὲ τούτοισι δὴ τὸ νῦν εἰρημένον πολλάκις, τόν τε εἰρημένον ἐν τοῖς ἄστροις νοῦν τῶν ὄντων τά τε πρὸ τούτων ἀναγκαῖα μαθήματα λάβῃ, τά τε κατὰ τὴν Μοῦσαν τούτοις τῆς κοινωνίας συνθεασάμενος χρήσηται πρὸς τὰ τῶν ἠθῶν ἐπιτηδεύματα καὶ νόμιμα συναρμοττόντως, ὅσα τε λόγον ἔχει, τούτων δυνατὸς ᾖ δοῦναι τὸν λόγον· ὁ δὲ μὴ ταῦθ᾽ οἷός τ᾽ ὢν πρὸς ταῖς δημοσίαις ἀρεταῖς κεκτῆσθαι σχεδὸν ἄρχων μὲν οὐκ ἄν ποτε γένοιτο ἱκανὸς ὅλης πόλεως, ὑπηρέτης δ᾽ ἂν ἄλλοις ἄρχουσιν. ὁρᾶν δὴ χρεὼν νῦν, ὦ Κλεινία καὶ Μέγιλλε, ἤδη πρὸς τοῖς εἰρημένοις νόμοις ἅπασιν, ὅσους διεληλύθαμεν, εἰ καὶ τοῦτον προσοίσομεν, ὡς φυλακὴν ἐσόμενον κατὰ νόμον χάριν σωτηρίας τὸν τῶν ἀρχόντων νυκτερινὸν σύλλογον, παιδείας ὁπόσης διεληλύθαμεν κοινωνὸν γενόμενον· ἢ πῶς ποιῶμεν;

ΚΛ. Ἀλλ᾽, ὦ λῷστε, πῶς οὐ προσοίσομεν, ἄν πῃ καὶ κατὰ βραχὺ δυνηθῶμεν;

ΑΘ. Καὶ μὴν πρός γε τὸ τοιοῦτον ἁμιλληθῶμεν πάντες. ξυλλήπτωρ γὰρ τούτου γε ὑμῖν καὶ ἐγὼ γιγνοίμην ἂν προθύμως, πρὸς δ᾽ ἐμοὶ καὶ ἑτέρους ἴσως εὑρήσω διὰ τὴν περὶ τὰ τοιαῦτ᾽ ἐμπειρίαν τε καὶ σκέψιν γεγονυῖάν μοι καὶ μάλα συχνήν.

---

1 *εἰπεῖν*: anakoluthisch für *εἰπόντας* 8 *ὄντων*: erg. etwa *αἴτιον* *μαθήματα*: Gemeint ist bes. die Mathematik u. Astronomie 9 *Μοῦσαν*: die Musik *τά τε—κοινωνίας*: Konstr.: *τά τε τῆς κοινωνίας τούτοις* (die enge Beziehung dieser Fächer) *κατὰ τὴν Μοῦσαν* (mit der Musik) 13 *δημοσίαις ἀρεταῖς*: was man gemeinhin Tugenden nennt.

17 *τοῦτον*: näml. Gesetz *ὡς* c. Akk. Part. Fut. = demgemäß die nächtliche Zusammenkunft ... Hüterin sein soll 23 *ξυλλήπτωρ* = adiutor operis 26 *σκέψις*: Forschung.

auch dieses letzte Werk, nur daß es eben wirklichkeitsnäher, populärer — im edelsten Sinn des Wortes — ist. Die „Gesetze“ sind, wovon Platon selbst überzeugt ist (S. 28), ein besonders für die Jugend hervorragend geeignetes „sittlich-politisches Erbauungsbuch“ und spiegeln zugleich wie kein anderes Werk den *Βίος Ἑλλάδος* wieder.

Drei Greise steigen vom kretischen Knossos empor zur Zeusgrotte auf dem Ida, ein Spartaner, ein Kreter und ein Athener, unter dem wir wohl Platon selbst zu verstehen haben; zum ersten Male bei Platon fehlt Sokrates. Ein neuer Staat soll gegründet werden. Damit ist das Thema gegeben, das nun in 12 Büchern variiert wird (S. 1f.). Vom Zweck des Staates geht das Gespräch aus. Die Tugend, das einzige göttliche Gut auf Erden, ist der Zweck. Zu ihr muß der Staat erziehen, denn sie gewährleistet die wahre Glückseligkeit (S. 3ff.). So bildet die Erziehung der Bürger die Hauptaufgabe des Staats. Durch welche Verfassung kann dies Ziel am besten erreicht werden? Durch eine Verfassung, die das monarchische und demokratische Prinzip vereinigt; nur da kann wahre Freiheit, Eintracht und Einsicht gedeihen (S. 10ff.). Wie soll nun der neue Staat aussehen? Vernunft, als Stellvertreterin der Gottheit soll alles beherrschen. Pflichten gegen Götter, gegen die Eltern stehen voran. Nicht der Buchstabe des Gesetzes, sondern ihr innerster Sinn — in besonderen Einleitungen vermittelt — soll in den Bürgern Fleisch und Blut werden, denn die menschliche Seele, der kostbarste Besitz des Menschen, ist von Natur gut und will die Tugend (S. 6ff.). Trotzdem sind Einzelgesetze nötig, die die Beziehungen der Menschen untereinander regeln. Die Verteilung des Bodens, die Frage des Privateigentums (S. 15f.), die Wahl der Beamten (S. 15), der Kultus (S. 17ff.), der Unterricht (S. 24ff.), die Feste, der Kriegsdienst, die Landwirtschaft, das Handwerk, der Handel, die Strafen, das gesamte Zivilrecht (S. 19ff.) und viele andere Gebiete des staatlichen Lebens werden ausführlich behandelt. Und über dem Ganzen stehen die „Wächter“, deren Heranbildung Platon besonders am Herzen liegt. Sie bilden die Elite der Bürgerschaft, ihre Erziehung ist die oberste Pflicht des Staates, mit der Behandlung ihrer Aufgaben schließt Platon die „Gesetze“ ab (S. 29ff.).

Diese Andeutungen mögen genügen, von dem Reichtum dieses Werkes einen Begriff zu geben. Die vorliegende Auswahl kann nur ganz weniges bringen, aber auch sie möge dem Leser eine Ahnung vermitteln von der Größe Platons, mit dessen gewaltigem Alterswerk nur eines zu vergleichen ist, Goethes Faust 2. Teil.

GPSR Compliance

The European Union's (EU) General Product Safety Regulation (GPSR) is a set of rules that requires consumer products to be safe and our obligations to ensure this.

If you have any concerns about our products, you can contact us on ProductSafety@springernature.com

In case Publisher is established outside the EU, the EU authorized representative is:

Springer Nature Customer Service Center GmbH
Europaplatz 3
69115 Heidelberg, Germany

Batch number: 10815962

Printed by Printforce, the Netherlands